Eva Salber

Einfache Spiele für DaZ-Kinder

Integrative Förderung der Sprachkompetenz – auch für heterogene Lerngruppen

PERSEN

Eva Salber arbeitet als DaZ-Lehrperson und bietet Beratungen und Weiterbildungen für Eltern und Schulen an. Als ehemalige Kindergartenlehrperson mit therapeutischer Zusatzausbildung liegen ihr Kinder mit besonderen Bedürfnissen besonders am Herzen. Sie ist Autorin von Lehrmitteln und Fördermaterialien.

Wir verwenden in unseren Werken eine genderneutrale Sprache, damit sich alle gleichermaßen angesprochen fühlen. Wenn keine neutrale Formulierung möglich ist, nennen wir die weibliche und die männliche Form. In Fällen, in denen wir aufgrund einer besseren Lesbarkeit nur ein Geschlecht nennen können, achten wir darauf, den unterschiedlichen Geschlechtsidentitäten gleichermaßen gerecht zu werden.

2. Auflage 2024

AAP Lehrerwelt GmbH
Veritaskai 3
21079 Hamburg
Telefon: +49 (0) 40325083-040
E-Mail: info@lehrerwelt.de
Geschäftsführung: Andrea Fischer, Sandra Saghbazarian
USt-ID: DE 173 77 61 42
Register: AG Hamburg HRB/126335

Autorschaft:	Eva Salber
Covergestaltung:	TSA&B Werbeagentur GmbH, Hamburg
Illustrationen:	Stefan Lucas, Julia Flasche, weitere von Alexandra Hanneforth (Trecker S. 62), Barbara Gerth (Pferd S. 44, Tesa S. 52, Socke S. 52, Sparschwein S.42, Sport S. 59, Rutsche S. 53, Birne S. 62, Kerze S. 42 , Bauklötze S.18, Blume S. 18, Handtücher S. 61, Radiergummi S. 52, Angel S. 44, Tuschkasten S. 37), Anke Fröhlich (Brunnen S. 50, See S. 61), Elisabeth Lottermoser (Streichhölzer S. 41, Ranzen S. 53, Topfpflanze S. 40, Feuerwehr S. 49, Säge S. 50, Gießkanne S. 39, Federball S. 41), Jennifer Spry (Pizza S. 18, Papier S. 53, Pflaster S. 49, Wasserflasche S. 40), Katharina Reichert (Zahnpasta S. 42, Spielfigur auf allen Seiten, Tomate S. 52, Zug S. 62, Mülleimer S. 53, Glas S. 39, Wolle S. 43, Sattel S. 43, Gummistiefel S. 49, Nadel und Faden S. 53, Lastwagen S. 62, Nest S. 42), Mele Brink (Käse S. 62, T-Shirt S. 48, Schirm S. 37, Kakao S.62 , Klopapier S. 52, Honig S. 61, Teddybär S. 63), Plötz-Schnagel (Huhn S. 41, Klavier) Gunkel-Claessen (Küche S. 59, Schlüssel S. 53, Schienen S. 39, Kreisel S. 63) Theresia Koppers (Lolly S. 61), Charlotte Wagner (Löwe S. 63), Roman Lechner (Puzzle S. 63), Ingrid Hecht (Wolke S. 38), Ute Ohlms (Rose S. 61, Junge am Strand S. 50), Ostadal (Schuhe S. 40), Rebecca Meyer (Wippe S. 49), Nataly Meenen (Zahnbürste S. 41, Sonnenbrille S. 44, Eierschale S. 42, Badehose S. 49), Hecht (Federballschläger S. 42), Anja Ley (Hose S. 44), Petra Lefin (Sonne S. 49), Satzpunkt Ursula Ewert (Spielvorlagen, Karten zu Gefühlen und Befindlichkeiten S. 70)
Satz:	Satzpunkt Ursula Ewert GmbH, Bayreuth
Druck und Bindung:	SDK Systemdruck Köln GmbH & Co. KG, Köln

ISBN/Bestellnummer: 978-3-403-20490-9
www.persen.de

Inhaltsverzeichnis

Einführung

Spiele

Ich arbeite mehrheitlich im Kindergarten oder in der Primarstufe. Hier sind gute Spielideen sehr gefragt. Sowohl bei sehr jungen Kindern, bei Kindern mit keinen oder ersten Anfangskenntnissen der deutschen Schrift als auch bei Kindern aus anderen Kulturkreisen, die zu Hause komplett andere Schriftzeichen gelernt haben.

Junge Kinder besitzen noch wenig Ausdauer oder Motivation in „Lernsituationen" und verfügen über eine kurze Konzentrationsspanne. Mit diesen Kindern kann man nicht einfach Vokabular „büffeln".

Ebenso wenig kann man den Kindern aus anderen Kulturkreisen Arbeitsblätter oder Förderspiele mit deutschen Schriftzeichen anbieten. Ich bevorzuge, wann immer es möglich ist und Sprachfortschritte bringt, eine integrative Förderung, sodass die Kinder im Klassenverband und im Raum bleiben können.

Situatives Lernen und nonverbale Kommunikation

Für Kinder, die ohne Deutschkenntnisse zu uns in die Schule kommen, ist es sinnvoll, sie im Schulalltag nutzbringend und wirkungsvoll zu begleiten. Das hat auch den Vorteil, dass andere Kinder sich die Lehrerrolle abschauen und ganz rührend zur „Deutschlehrerin" für die Anfänger werden. Ich beobachte immer wieder, dass sich Kinder um Fremdsprachige kümmern und ihnen nebenbei, z. B. während des Spielens, das Zählen beibringen. Dieser Kontakt fördert natürlich wiederum die Integration und damit die Motivation, die Sprache zu erlernen. Ich bin immer wieder fasziniert, wie rasch Kinder Deutsch lernen, wenn sie mit Gleichaltrigen zusammen sein können und die Sprache situativ und spontan anwenden können.

Beim Lernen mit anderen Kindern geht es oft darum, dass man sich auch ohne verbale Sprache mitteilen und verstehen kann.

Diese Kompetenzen zu erlernen – die sich nicht immer bei allen automatisch entwickeln –, steht bei mir im Vordergrund, wenn ich mit dem DaZ-Unterricht beginne. Es ist unglaublich, wie viel man verstehen kann, wenn man schaut, was die anderen nach einer Aufforderung der Lehrperson machen, und wie oft man auch nonverbal, mit Gestik und Mimik, „sprechen" und verstehen kann.

Gezielte Sprachförderung

Früher oder später kommt man als Lehrkraft beim sprachhandelnden Begleiten an den Punkt, dass man die deutsche Sprache des Kindes gezielter fördern möchte. Das Kind versteht zu diesem Zeitpunkt zwar Deutsch und kann sich einigermaßen verständlich ausdrücken, gleichzeitig sind aber noch Wissenslücken in bestimmten Sprachbereichen festzustellen. Beispiele dafür sind:

- Präpositionen
- differenzierte Adjektive
- Satzstrukturen

Die DaZ-Kinder mit diesem Wissenstand sind meist noch sehr junge „Spielkinder" oder Kinder, die unserer Schriftzeichen noch nicht mächtig sind. Sie benötigen deswegen angepasste und spielerische Förderideen, die sie motivieren, ihr Deutsch zu verbessern.

Aus diesem Grund begann ich, laufend eigene Spiele zu entwickeln, die sowohl die Spielfreude wecken, einfach zu verstehen sind, mehrheitlich keiner Schriftkenntnisse bedürfen, nicht zu lange dauern und trotzdem eine gezielte Förderung in einem bestimmten Sprachbereich ermöglichen.

Da ich immer wieder Gruppen unterrichtete, in denen sich Kinder mit unterschiedlichem Sprachniveau befanden und im integrativen Setting Deutsch sprechende Kinder mitspielen wollten, kann man den Schwierigkeitsgrad meiner Spiele anpassen. So können alle Kinder ohne Langeweile oder Überforderung

lernen und die Deutschanfänger können von den Fortgeschrittenen profitieren.

Für besonders individuelle Förderziele innerhalb einer Gruppe eignet sich am besten das Spiel „Die Wörterstraße“.

Alle vorliegenden Spiele habe ich sowohl als DaZ-Lehrperson als auch als Integrationslehrerin erprobt und eingesetzt.

Hintergrundideen der Spiele

- Die Spiele sind motivierend, einfach und kurz.
- Sie eignen sich bis auf eine Ausnahme alle für Gruppen von zwei bis vier Kindern.
- Das Erlernen komplizierter Spielregeln ist nicht nötig, da die Regeln an allseits bekannte Spiele anknüpfen.
- Sie sind integrativ.
- Die Spiele ermöglichen es, bestimmte Sprachbereiche gezielt zu fördern.
- Sie decken schwerpunktmäßig die Kompetenzbereiche „Hören - Sprechen - Zuhören“ und „Wortschatz und Strukturentwicklung entwickeln und unterscheiden“ des Fachlehrplans Deutsch als Fremdsprache ab.
- Sie setzen fast alle keine deutsche Schriftsprache voraus und bieten trotzdem Ideen zur Verschriftlichung.
- Sie beinhalten die Möglichkeit zur nonverbalen Kommunikation und die Gelegenheit, Sprache über Bewegung zu lernen.

Ich wünsche allen Lehrpersonen und Kindern viel Freude mit den Spielen, Motivation und gute Lernerfolge!

Die Spiele und ihre Lernschwerpunkte

Spiel	Lernschwerpunkt	Kurzbeschreibung	Kompetenzbereich (Lehrplan)
Eins oder mehr	Einzahl/Mehrzahl	Kartenspiel mit sehr einfachen Regeln	Wortschatz und Strukturen entwickeln, Hören, Sprechen
Heiß oder kalt?	Adjektive und ihre Gegensätze	Memory	Wortschatz entwickeln
Mach was!	Verben	Brettspiel mit Strategie	Wortschatz, Sprechen
Schatzsuche	schriftliche Anweisungen verstehen – lokale Präpositionen	Leseparcours	Lesekompetenz/ sinnentnehmendes Lesen
Allerlei	Lesesinnverständnis	Lesekarten mit Aufträgen	Lesekompetenz und Inhalte verknüpfendes Zuhören
Ich brauch dich!	Nomen und Sinnverknüpfungen	Lotto/Bingo	Wortschatz und situationsgerechtes Anwenden
Die Wörterstraße	von der Wortschatzerweiterung bis zu Satzstrukturen	Würfelspiel	Wortschatz und Strukturen entwickeln, situationsgerechtes Anwenden von Wortschatz, Sprechen
Vogeltreffen	lokale Präpositionen	Leiterspiel	Wortschatz und Strukturen entwickeln und unterscheiden
Reih mich ein!	Oberbegriffe zu Nomen, Verben, Adjektive	Einzellegespiel	Wortschatz und Strukturen entwickeln und unterscheiden
Wie geht's, wie steht's?	Adjektive zu Gefühlen, Befindlichkeiten und Stimmungen, Begründungen finden	Ein Spiel mit einem „Drehteller" mit beweglichem Zeiger und verschiedenen Karten.	Wortschatz und Strukturen entwickeln, Sprechen: Fähigkeit, sich bewusst auszudrücken

Eins oder mehr

Thema: Das Üben von Einzahl und Mehrzahl

Material: Karten aus den folgenden Vorlagen

Herstellung:

Kopieren Sie die folgenden Vorlagen auf dickeres Papier und zerschneiden Sie diese anschließend zu Karten. Möchten Sie die Karten mehrmals verwenden, laminieren Sie diese zusätzlich.

Spielregeln

Die Bildkarten werden verteilt und jedes Kind bekommt die gleiche Anzahl an Karten.

Ein Kind beginnt und legt eine Karte offen in die Mitte (z. B. Einzahl). Dazu sagt es, was auf der Karte zu sehen ist, z. B. „ein Apfel". Das Kind, das die Karte mit dem Gegenstück (z. B. Mehrzahl) auf der Hand hat, wiederholt den Begriff „der Apfel". Dann legt es seine Karte dazu und sagt den Begriff „die Äpfel". Danach legt es eine weitere Karte von seiner Hand in die Mitte und das Spiel geht auf dieselbe Weise weiter.

Je nach Anzahl der Spieler und der daraus resultierenden Menge an Karten im Spiel, muss geprüft werden, ob Einzahl und Mehrzahl zu jedem Begriff vorhanden sind.

Erschwerte Variante unter Einbezug des Oberbegriffes

Das Gegenstück muss nun dem Oberbegriff entsprechen. Auf die Karte mit dem Apfel kann also z. B. die Karte mit der Karotte gelegt werden. Wenn kein Kind ein Gegenstück zu der jeweiligen Karte auf der Hand hat, wird einfach eine neue Karte aufgedeckt.

Das Spiel als Einzelaufgabe

Das Spiel kann auch als Einzelaufgabe von einem Schüler bearbeitet werden. Er muss die Karten nach Oberbegriffen sortieren und die Begriffe dann richtig in eine Tabelle (Seite 12) schreiben.

Die Begriffe (in der Einzahl) mit den Oberbegriffen in der Übersicht

Möbel	Material	Menschen	Tiere	Essen	Spielzeug	Kleidung
Tisch	Buch	Frau	Hund	Apfel	Ball	Schuh
Stuhl	Heft	Mann	Katze	Karotte	Puppe	Socke
Schrank	Stift	Junge	Igel	Brot	Teddy	Hose
Fenster	Uhr	Mädchen	Fisch	Kuchen	Seil	Jacke
Tür	Pinsel	Baby	Hase	Banane	Roller	Mütze
Regal	Schere	Lehrer	Kuh	Birne	Schaukel	Pullover

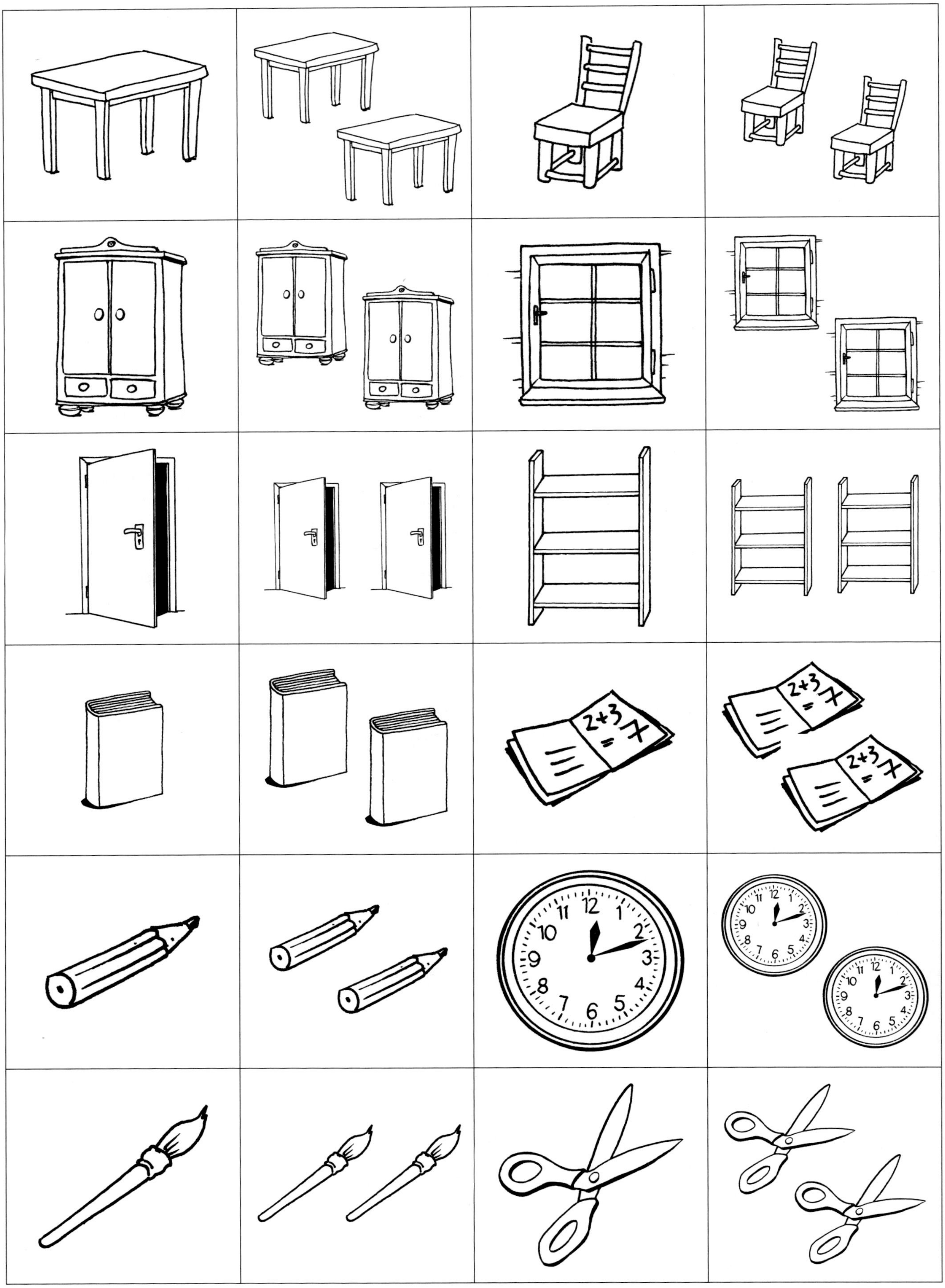

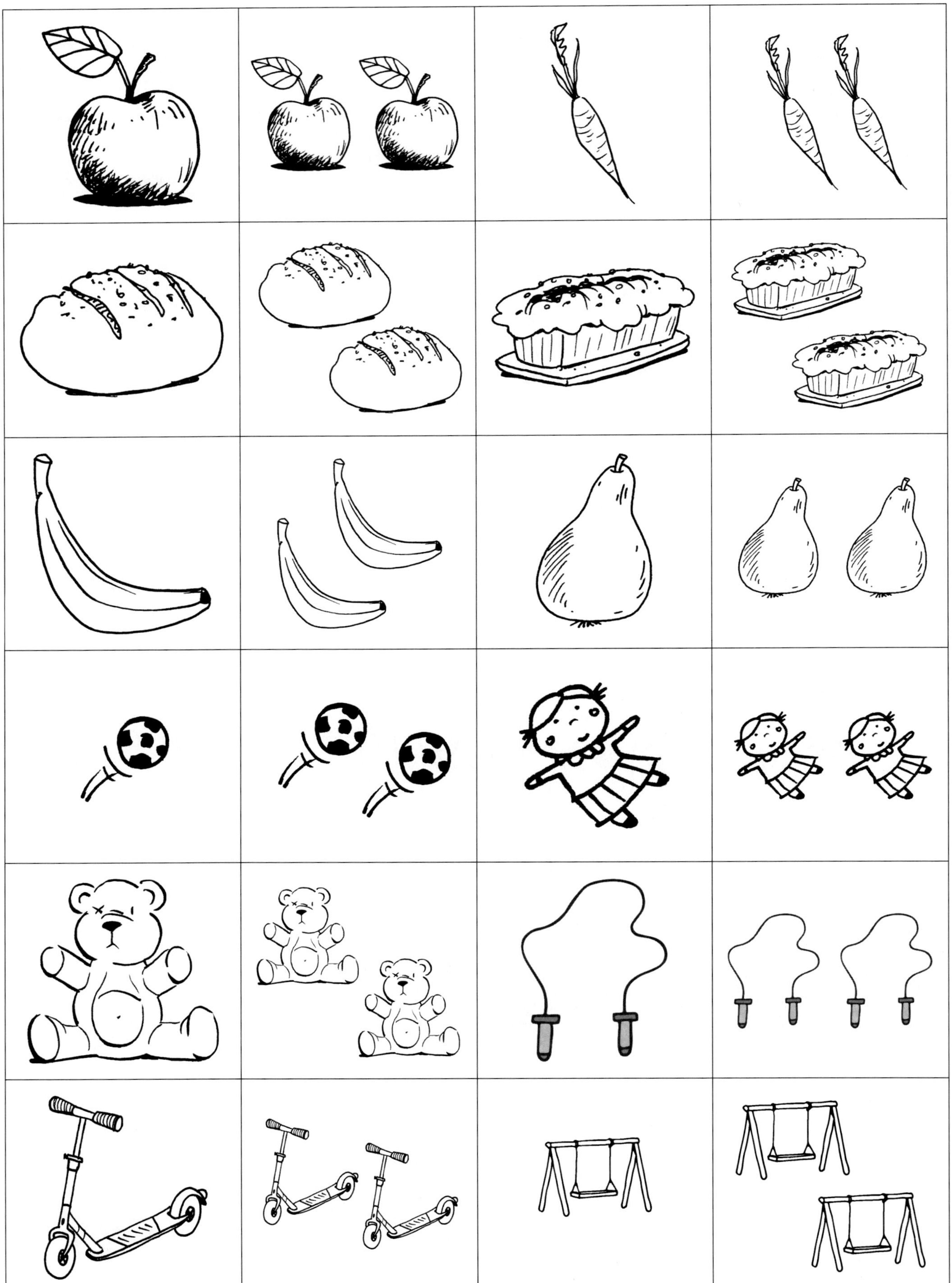

Eins oder mehr – Das Spiel als Einzelaufgabe

Kleidung						
Spielzeug						
Essen						
Tiere						
Menschen						
Material						
Möbel						

Heiß oder kalt?

Thema: Schwerpunkt Adjektive, Gegensätze suchen

Material: Karten aus den folgenden Vorlagen

Herstellung:

Kopieren Sie die folgenden Vorlagen auf dickeres Papier und zerschneiden Sie diese anschließend zu Karten. Möchten Sie die Karten mehrmals verwenden, laminieren Sie diese zusätzlich.

Spielregeln

Das Spiel wird wie das bekannte Spiel Memory gespielt, nur werden keine Paare, sondern Gegensätze gesucht. Die Karten werden mit der Bildseite nach unten auf den Tisch gelegt und es wird reihum gespielt. Jedes Kind deckt zwei Karten auf und nennt die Begriffe. Handelt es sich bei den aufgedeckten Karten um ein Gegensatzpaar, darf das Kind die Karten behalten. Ansonsten werden die Karten wieder umgedreht und der nächste Spieler ist an der Reihe.

Variante für Kinder mit Kenntnissen der deutschen Schrift

Die Kinder sortieren die Karten nach Gegensatzpaaren und schreiben die Begriffe in die Tabelle auf Seite 16. Das funktioniert auch als Einzelaufgabe.

laut	leise	langsam	schnell
dick	dünn	kalt	heiß
Mädchen	Junge	eckig	rund
Mann	Frau	fröhlich	traurig
schwarz	weiß	klein	groß

schwer	leicht	kurz	lang
abwärts	aufwärts	alt	jung
heil	kaputt	voll	leer
drinnen	draußen	sauber	schmutzig
nass	trocken	spitz	stumpf

Heiß oder kalt – für Kinder mit Kenntnissen der deutschen Schrift

heiß	kalt

Mach was!

Thema: Schwerpunkt Verben, etwas strategisch

Material: Spielvorlage, Abstreichlisten, Stifte, Spielfiguren

Herstellung:

Kopieren Sie die folgende Spielvorlage (A4 oder A3) auf dickeres Papier und laminieren Sie diese zusätzlich. Kopieren Sie auch die Abstreichlisten. Wenn Sie die Listen mehrmals verwenden möchten, laminieren Sie diese ebenfalls und benutzen dazu geeignete Folienstifte.

Spielregeln

Jedes Kind bekommt eine Abstreichliste, einen Stift und eine Spielfigur. Es wird reihum gespielt und es sind eins, zwei oder drei Züge erlaubt. Das Ziel ist, die eigene Spielfigur möglichst schnell auf alle Begriffsfelder zu setzen. Setzt ein Kind seine Figur auf ein Feld mit einem Begriff, muss es ein passendes Verb zu diesem nennen. Dann darf es den Begriff auf seiner Abstreichliste durchstreichen. Hat ein Kind alle Bilder auf seiner Liste durchgestrichen, hat es das Spiel gewonnen.

Um das Spiel etwas schwieriger zu gestalten, kann die Regel eingeführt werden, dass die Kinder nicht zwei Mal das gleiche Verb zu einem Begriffsfeld nennen dürfen.

Variante für Kinder mit Kenntnissen der deutschen Schrift

Die Kinder benutzen die Abstreichlisten auf den Seiten 19 bis 20 und schreiben die Verben neben die Bilder. Hat ein Kind seine Liste komplett ausgefüllt, hat es das Spiel gewonnen.

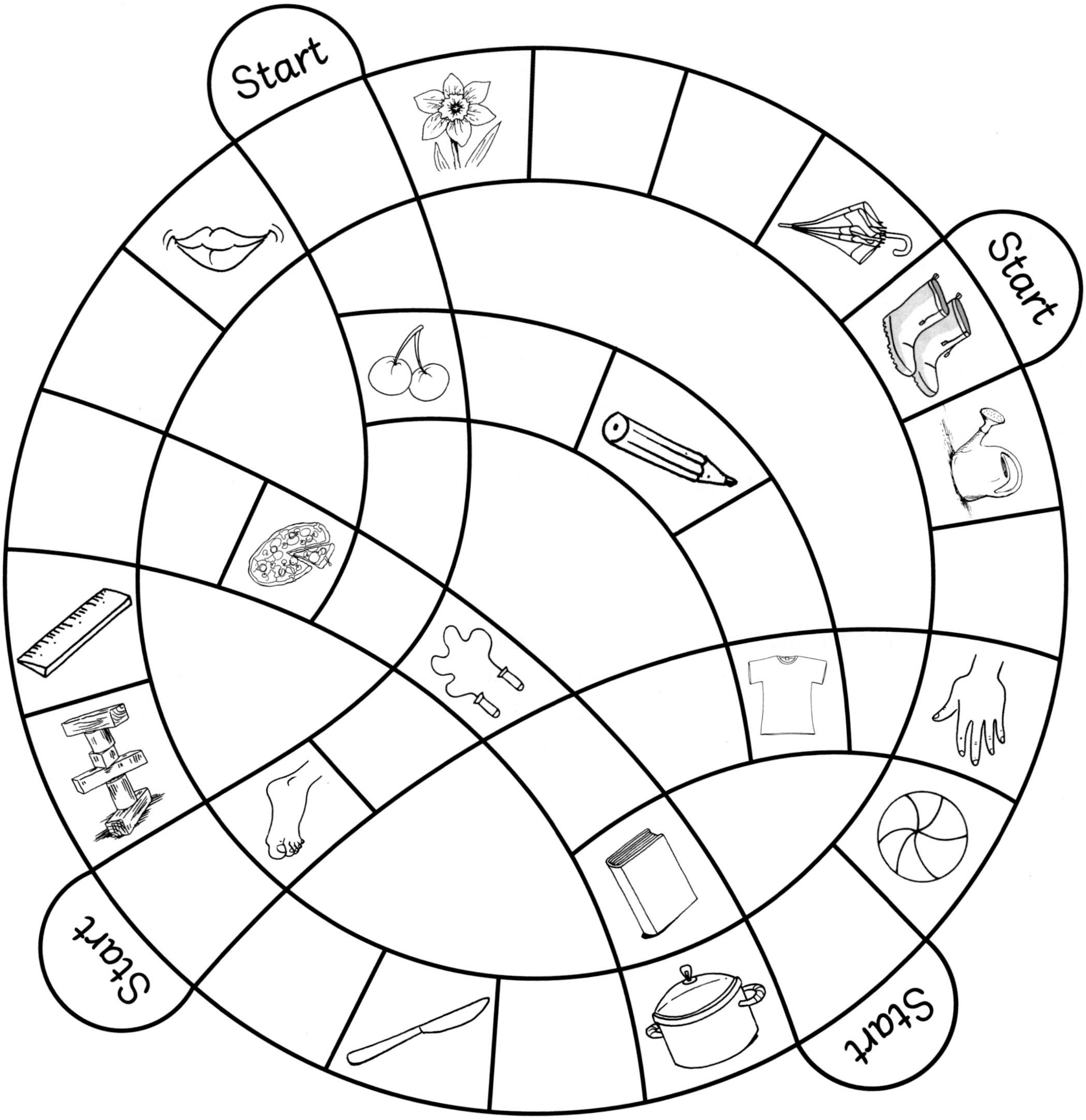

Mach was! – Spielvorlage

Start

Start

Start

Start

Mach was! – Abstreichlisten

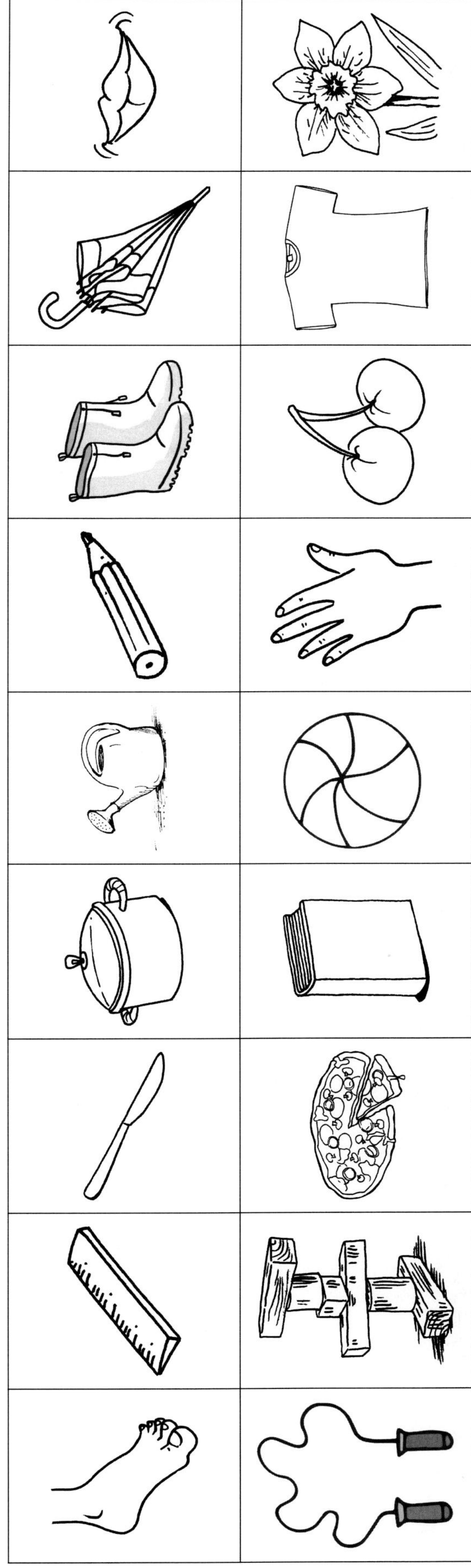

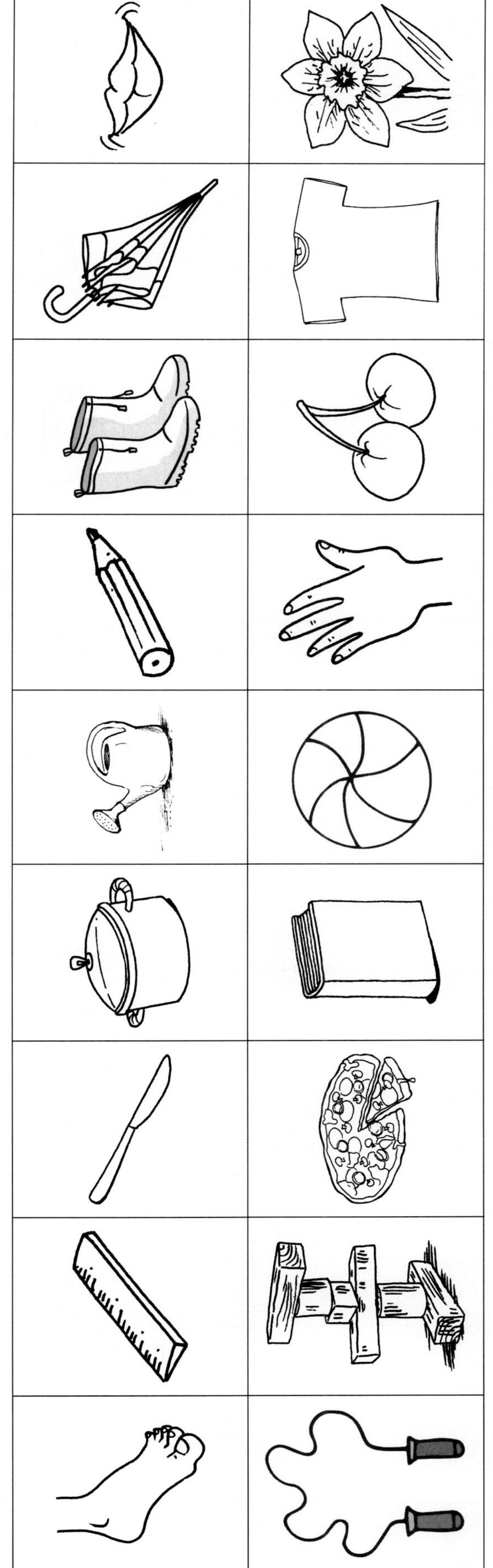

Mach was! – Abstreichlisten

Mach was! – Verben Beispiele

die Kirschen	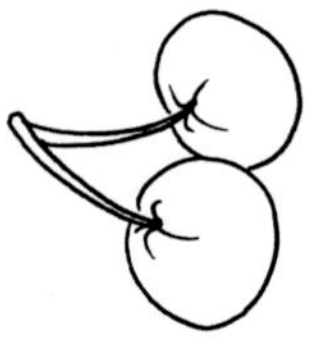	essen, pflücken, waschen, entsteinen, an die Ohren hängen, kaufen
die Pizza	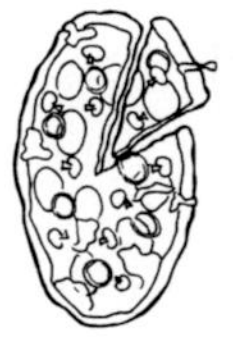	essen, backen, schneiden, belegen, würzen, bestellen
das Seil	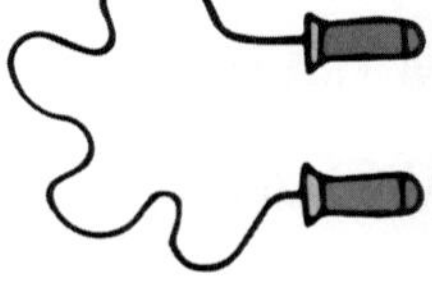	knoten, darüber springen, ziehen, schwingen, hinlegen
das Buch		öffnen, schließen, aufklappen, zuklappen, blättern, lesen
die Bauklötze	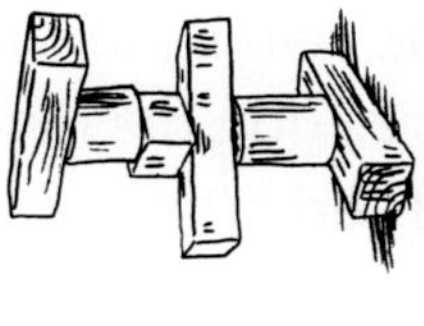	bauen, ordnen, stapeln, aufräumen, hervorholen, suchen
der Kochtopf		kochen, auf den Herd stellen, abwaschen, ausleeren, füllen, umdrehen
das Messer		schneiden, kaufen, abwaschen, aufspießen, einräumen, schleifen
das Lineal		abmessen, Linie ziehen, hinlegen, ausleihen, suchen, zählen
der Fuß	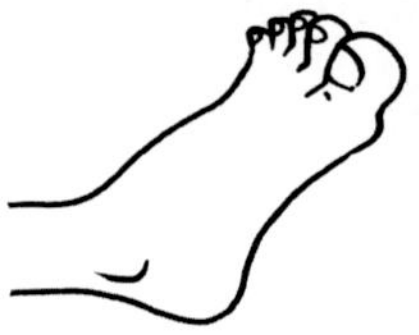	kicken, waschen, gehen, hüpfen, massieren, hochlegen

der Regenschirm		aufspannen, schließen, ausschütteln, kaufen, verlieren, vergessen
der/die Gummistiefel	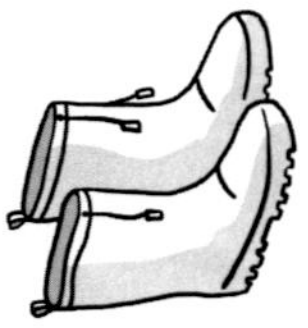	anziehen, putzen, verwechseln, verlieren, kaufen, mitbringen
die Gießkanne	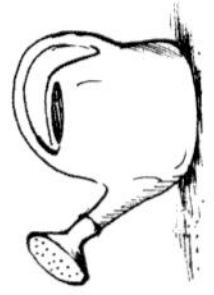	gießen, füllen, ausleeren, tragen, hinstellen, hochheben
der Ball		werfen, prellen, fangen, aufpumpen, kicken, rollen
die Hand		winken, ballen, zeigen, schütteln, schreiben, klatschen
der Stift	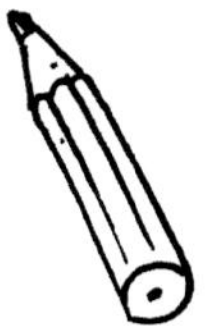	schreiben, zeichnen, spitzen, ausleihen, verleihen, halten
das T-Shirt	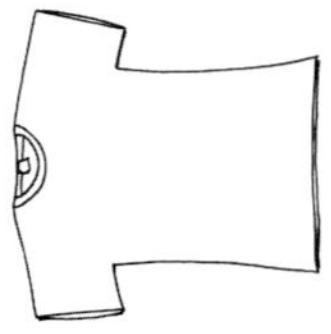	anziehen, waschen, flicken, bügeln, aufhängen, kaufen
die Blume		verschenken, pflanzen, abschneiden, verkaufen, kaufen, daran riechen
der Mund		sprechen, essen, pfeifen, spitzen, schminken, küssen

Schatzsuche

Thema: Lesesinnverständnis, Leseanfänger, lokale Präpositionen

Material: Hinweiskarten, Folienstift, evtl. ein kleines Belohnungsgeschenk

Herstellung:

Kopieren Sie die folgenden Vorlagen, laminieren Sie sie und schneiden Sie sie zu.

Spielregeln

Ein Kind – oder mehrere Kinder, die sich während des Lesens abwechseln – bekommt eine Hinweiskarte. Auf dieser steht, an welcher Stelle im Raum die nächste Hinweiskarte versteckt ist (z. B. unter dem Stuhl oder neben der Tafel). An dieser Stelle ist dann wieder eine Hinweiskarte versteckt. Dieser Vorgang wiederholt sich so oft, bis die Kinder am Ziel ankommen. Das kann ein kleiner Schatz oder eine kleine Belohnung sein.

Bemerkung

Wer schon einmal probiert hat, arabische oder chinesische Schriftzeichen zu entziffern, kann sich sehr gut vorstellen, wie anstrengend und mühsam für manche Kinder das Lesenlernen in einer fremden Sprache sein kann, wenn diese zudem noch unbekannte Schriftzeichen enthält. Aus diesem Grund ist es gut, die Kinder für ihren Einsatz zu belohnen und das Lesen mit positiven Gefühlen zu verknüpfen.

Tipp für die Vorbereitung

Am schnellsten ist der Parcours aufgebaut, wenn der Lehrer diesen rückwärts vorbereitet, also mit dem Ende beginnt.

Beispiele für die Hinweiskarten

SUCHE UNTER DEINEM TISCH.

SUCHE UNTER DEINEM STUHL.

GEHE ZU FRAU MEYER.

SUCHE IN DEINEM SCHUH.

SUCHE BEI DER TÜR.

Die Wiederholung am Satzanfang ist wichtig und dient der Automatisation.

Schatzsuche

Hinweise für die Erstleser oder leseschwache Kinder

Geeignete Wörter zum Einsetzen auf die Hinweiskarten

- sind möglichst kurz.
- sind in einer schnörkellosen Schrift verfasst.
- enthalten möglichst eine Abwechslung zwischen Konsonanten und Vokalen (keine Konsonantenhäufung).
- enthalten für Kinder mit Legasthenie möglichst wenig die Buchstaben B und D und enthalten keine Umlaute.

Beispielwörter

Sofa, Tisch, Stuhl, Bett, Tasche, Tür, Sessel, Ofen, Teller, Teppich, Kissen, Lehrer, Koffer, Tafel, Schuhe, Buch, Gitarre, Lara, Sara, Omar etc.

SUCHE

SUCHE BEI

SUCHE BEI DER

SUCHE IM

SUCHE UNTER

SUCHE BEIM

SUCHE HINTER

SUCHE VOR

SUCHE NEBEN

SUCHE ZWISCHEN

SUCHE AUF

SUCHE ÜBER

GEHE

GEHE ZU

GEHE ZUR

GEHE ZUM

Schatzsuche – Hinweiskarten zum Ergänzen

Suche

Suche bei

Suche bei der

Suche im

Suche unter

Suche beim

Suche hinter

Suche vor

Suche neben

Suche zwischen

Suche auf

Suche über

Gehe

Gehe zu

Gehe zur

Gehe zum

Allerlei

Thema: Lesesinnverständnis, gut für heterogene Gruppen geeignet

Material: Lesestreifen, evtl. ein Gefäß für die Streifen

Herstellung:

Kopieren Sie die folgenden Vorlagen auf Papier. Nehmen Sie für die unterschiedlich schwierigen Leseniveaus unterschiedlich farbiges Papier. Laminieren Sie alle und schneiden Sie die Lesestreifen zu.

Spielregeln

Das Spiel wird in einer Gruppe gespielt. Reihum zieht jedes Kind eine Karte und liest diese laut vor. Das Nachbarkind führt die Anweisung aus und das Kind mit der Karte kontrolliert (mit wiederholtem Lesen), ob die Anweisung richtig ausgeführt wurde.

Wird das Spiel in einer heterogenen Gruppe gespielt, kontrolliert nach Möglichkeit ein Kind mit der gleichen Kartenfarbe.

Je nach Anzahl der Kinder wird das Spiel ca. 10–20 Minuten lang gespielt. Der Lehrer kann auch eine Zeitdauer festlegen, in welcher mit diesem Spiel das Lesen geübt werden soll.

Dieses Spiel macht den Kindern sehr viel Spaß. Aus diesem Grund sind sie motiviert zu lesen und das Gelesene zu verstehen.

Spielerweiterung durch selbst notierte Aufforderungen

Die Kinder denken sich kurze und lustige Aufforderungen aus und notieren sie auf Papierstreifen, welche ebenfalls laminiert und ins Spiel aufgenommen werden können.

LACHE DEINE HOSE AN.

HOLE EIN PAPIER.

NIMM EIN WENIG WASSER.

STEHE AUF.

NENNE 2 LIEDER.

LEGE DICH HIN.

SAGE 5 MAL LALA.

SAGE MAMMA MIA!

LAUFE UM DEINEN TISCH.

DREHE DICH 3 MAL UM.

SAGE 3 MAL SUPER.

SAGE PAPAGEI.

HOLE DEINE SCHUHE.

MACHE 2 MAL MIAU!

MACHE 5 MAL WUFF!

ZEIGE AUF EINE UHR!

Nenne drei Tiere.

Öffne eine Tür.

Nimm einen Schluck Wasser.

Zähle laut von zehn bis null.

Zeige auf etwas Weißes.

Zeichne ein △ in die Luft.

Mache ein lustiges Gesicht.

Zeige auf etwas Gelbes.

Zähle laut von null bis zehn.

Zeige auf etwas Rundes.

Stelle dich auf einen Stuhl.

Winke mit dem Fuß.

Zeichne einen ☆ in die Luft.

Klatsche fünf Mal.

Nenne drei Esswaren.

Pfeife eine Melodie.

Trinke einen großen Schluck Wasser.

Öffne ein Fenster und schließe es wieder.

Mache ein Kunststück vor.

Nenne fünf Mädchennamen.

Stehe auf einem Stuhl und springe herunter.

Springe drei Mal hoch in die Luft.

Sage in einer anderen Sprache Hallo!

Mache fünf Liegestützen.

Mache sechs Kniebeugen.

Zähle in einer anderen Sprache bis zehn.

Mache ein Tiergeräusch.

Krieche unter einen Tisch.

Zähle fünf Jungennamen auf.

Zeichne mit dem Fuß einen Kreis in die Luft.

Forme mit den Fingern einen Buchstaben.

Nenne deinen Namen rückwärts.

Ich brauch dich!

Thema: Nomen, Sinnzusammenhänge

Material: Spielpläne und Karten

Herstellung:

Kopieren Sie die folgenden Vorlagen auf etwas stärkeres Papier und laminieren Sie diese. Schneiden Sie die Spielpläne und die Karten zu.

Spielregeln

Jedes Kind bekommt einen Spielplan. Die dazugehörigen Karten werden gemischt, verdeckt und in die Mitte gelegt. Es wird reihum gespielt. Jedes Kind deckt jeweils eine Karte auf, sodass alle diese sehen können. Dazu sagt es den Begriff, der auf der Karte zu sehen ist.

Dann müssen alle Kinder genau auf ihren Spielplan gucken. Findet ein Kind die passende Karte auf seinem Plan, meldet es sich und nennt seinen Begriff. Ist es tatsächlich die richtige Karte, darf es die Karte aus der Mitte nehmen und sie auf seinen Spielplan legen. Wer seinen Spielplan zuerst vollständig abgedeckt hat, hat gewonnen.

Schwierige Variante (zur Steigerung der Konzentration)

Sobald ein Kind eine neue Karte aufgedeckt hat, wird bis fünf gezählt. Wer sich bis fünf nicht gemeldet hat, geht leer aus. Bekommt die Karte niemand, bleibt die Karte in der Mitte und wird wieder untergemischt.

Verschriftlich und Erweiterung mit Blankovorlagen

Kinder, die die deutsche Schrift schon beherrschen, können die Bildbegriffe der Spielpläne und die der Karten schriftlich als Wort notieren. Daraus können auch neue Spielvarianten entstehen:

- Es wird nur mit Schrift gespielt.
- Kindern mit Lesekenntnissen wird ein schriftlicher Spielplan ausgeteilt, während in der Mitte nur die Bilder liegen.

Spielplan 1

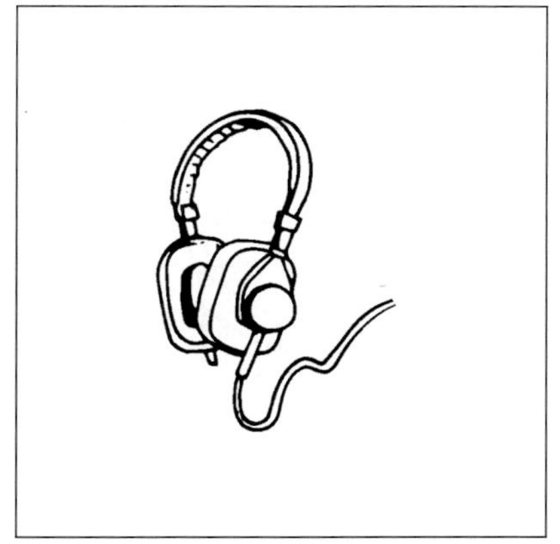

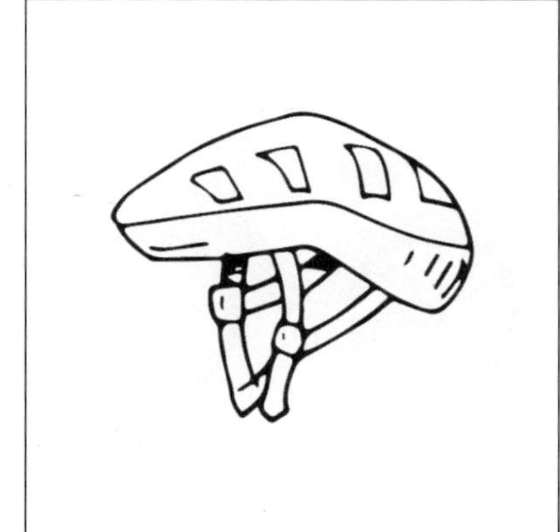

Karten zu Spielplan 1

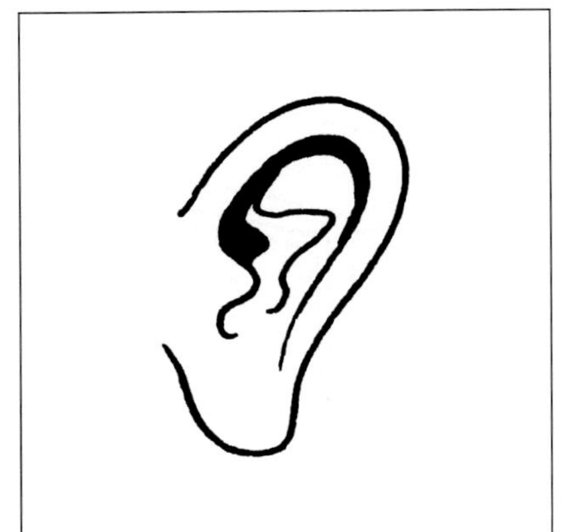

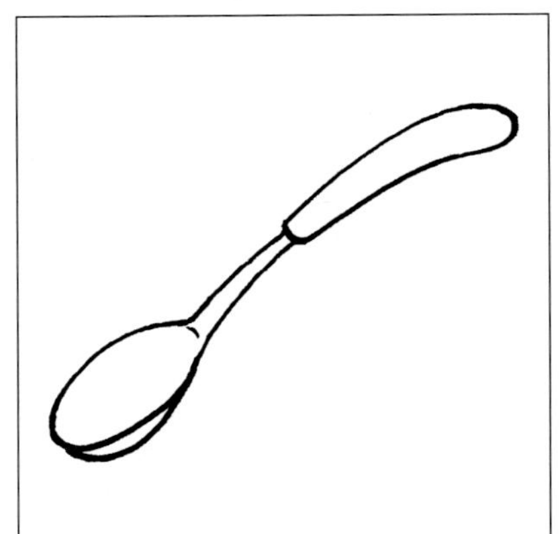

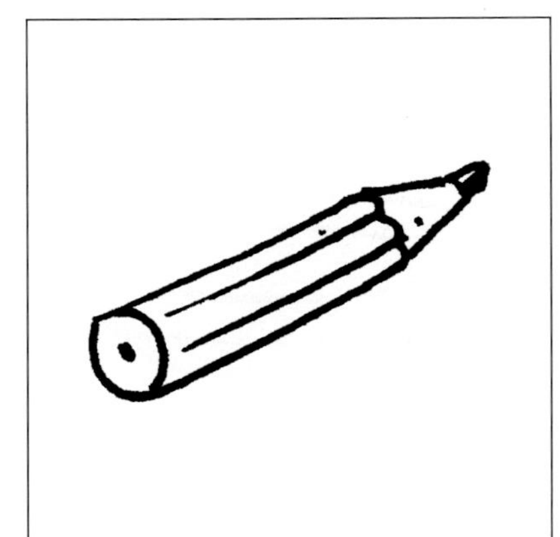

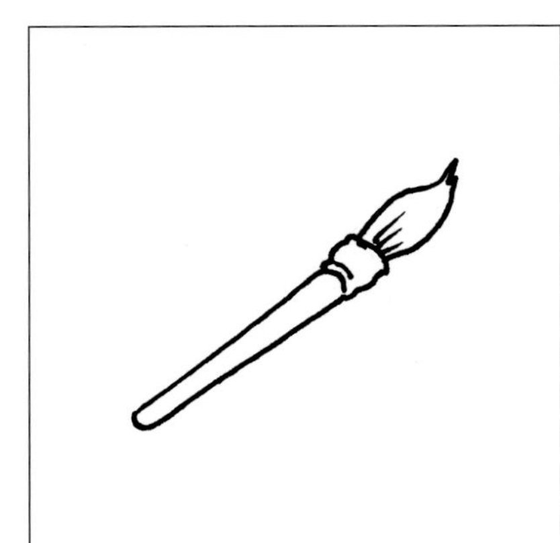

Spielplan 2

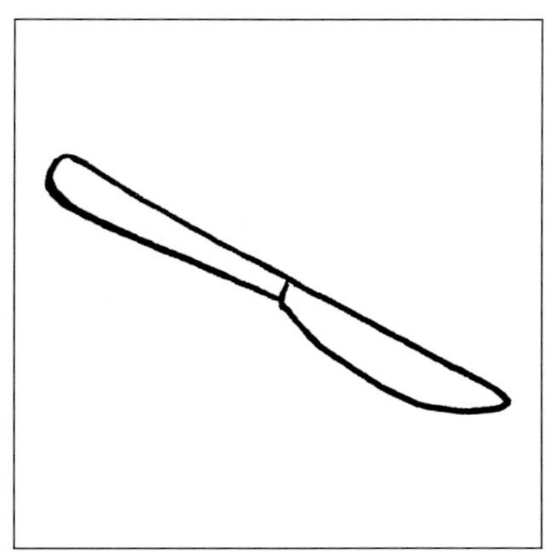

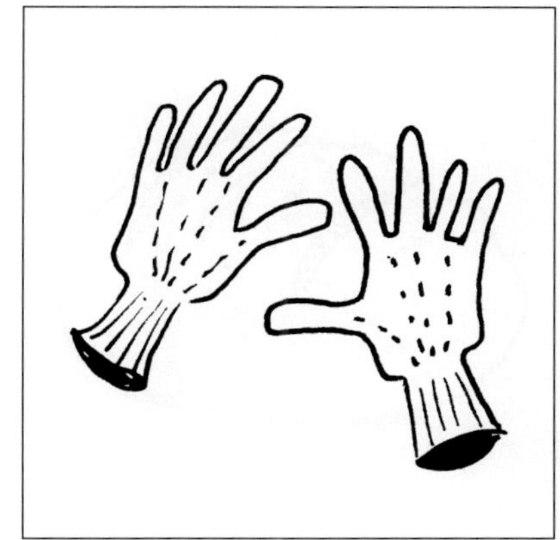

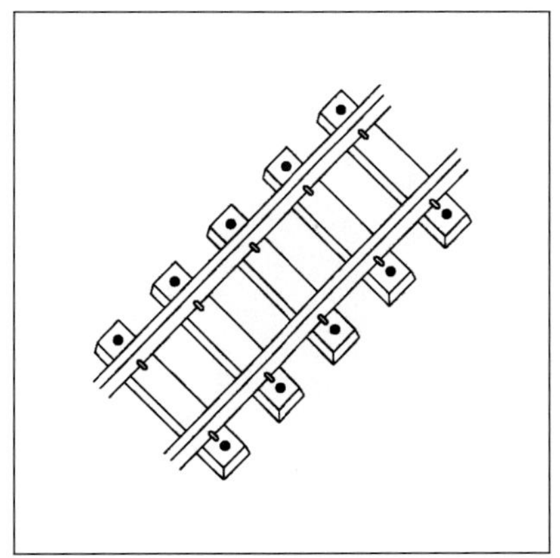

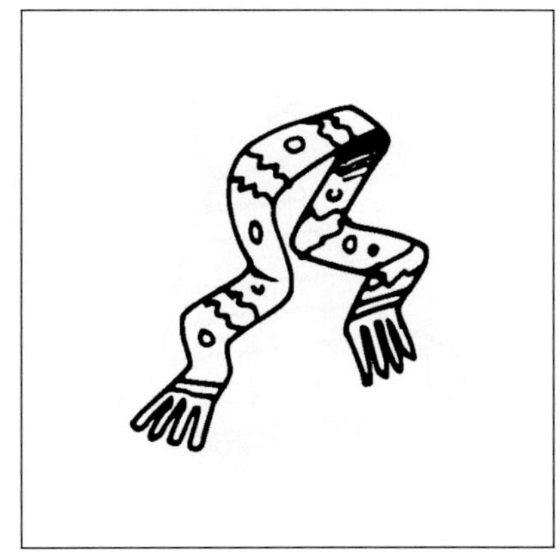

Karten zu Spielplan 2

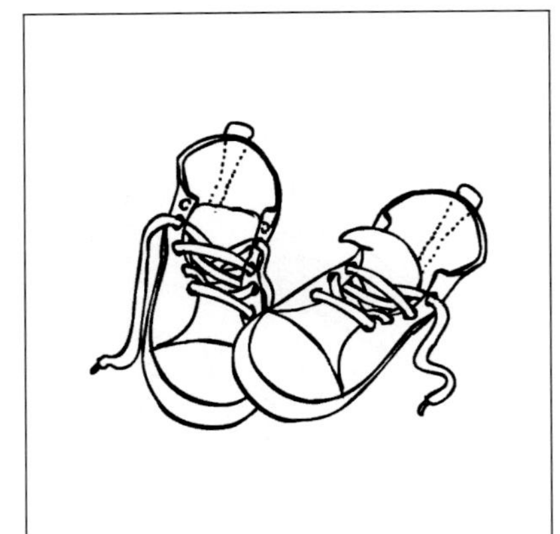

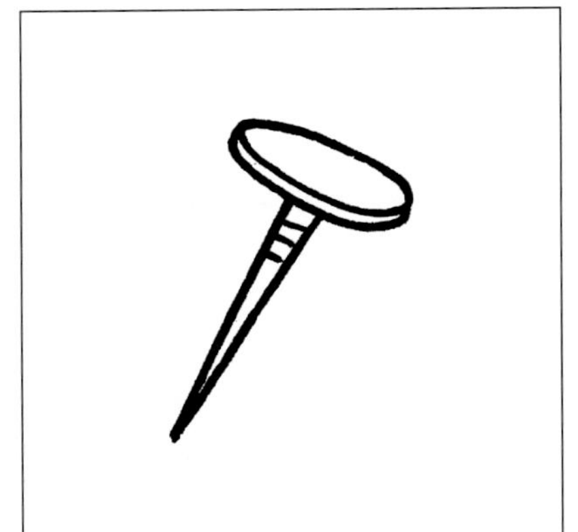

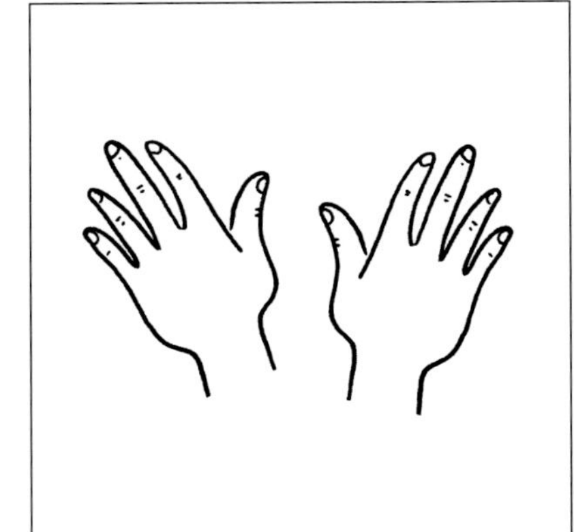

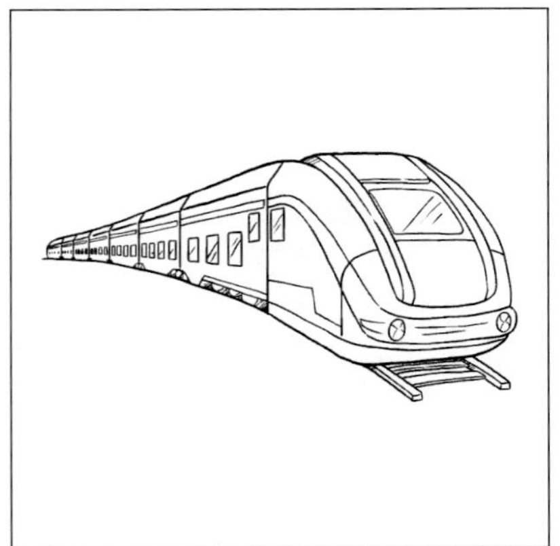

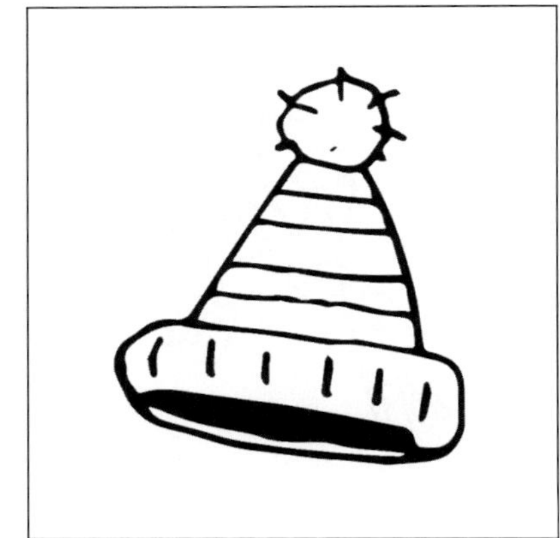

Spielplan 3

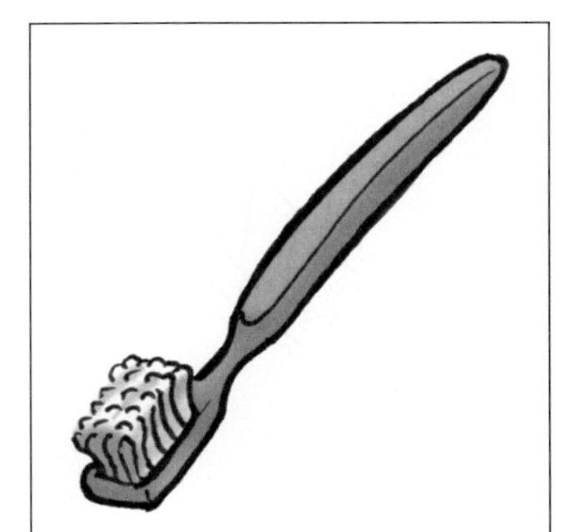

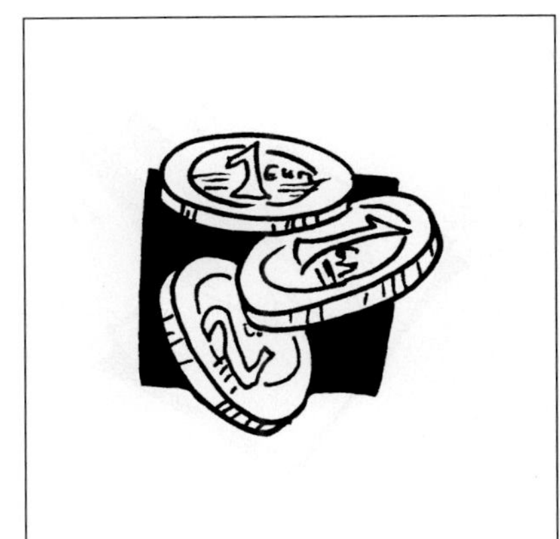

Karten zu Spielplan 3

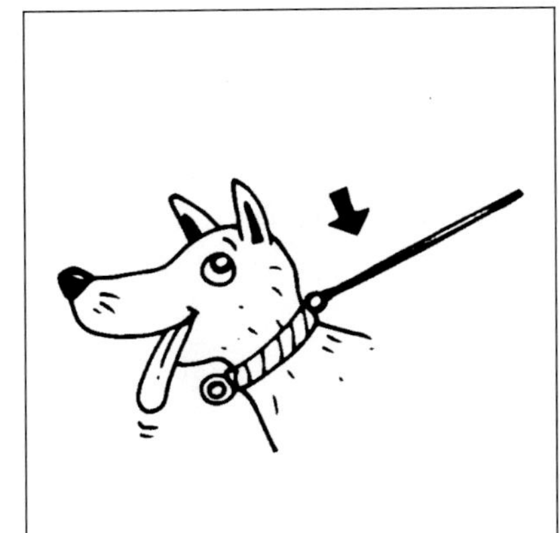

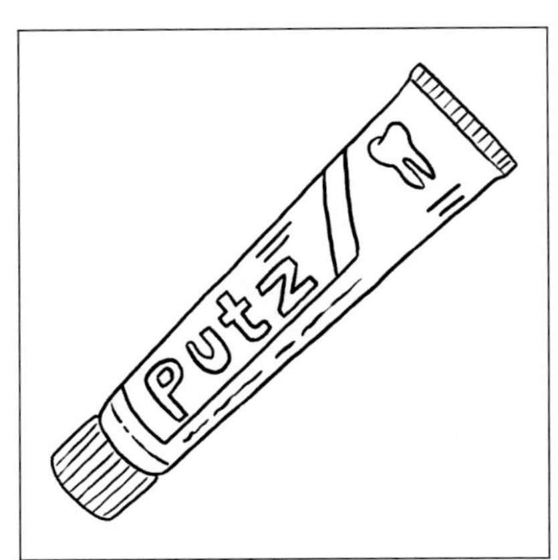

Spielplan 4

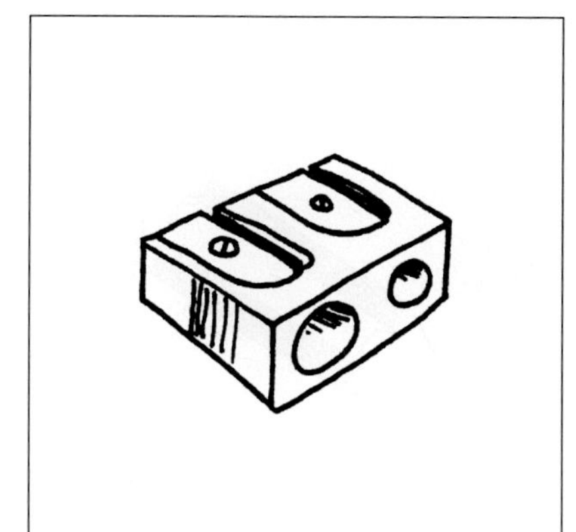

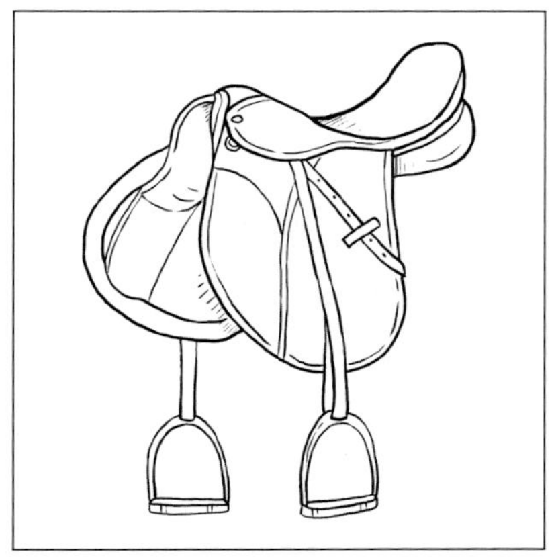
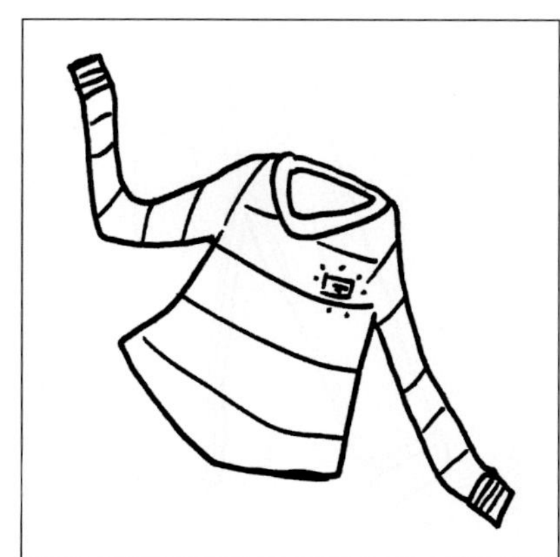
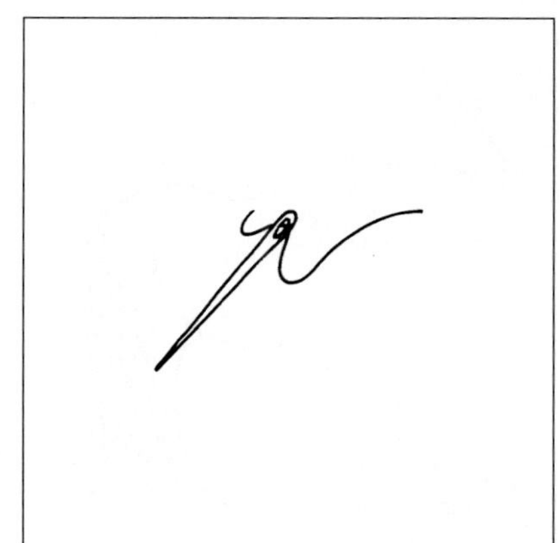

Karten zu Spielplan 4

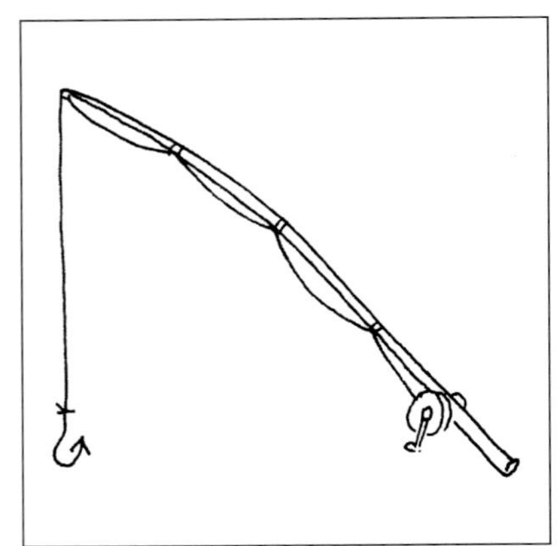

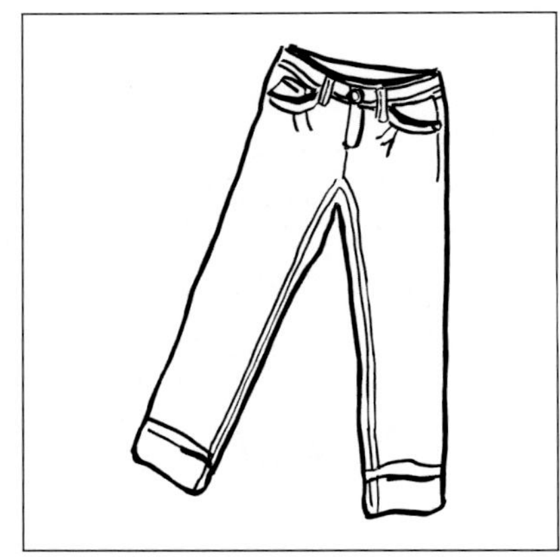
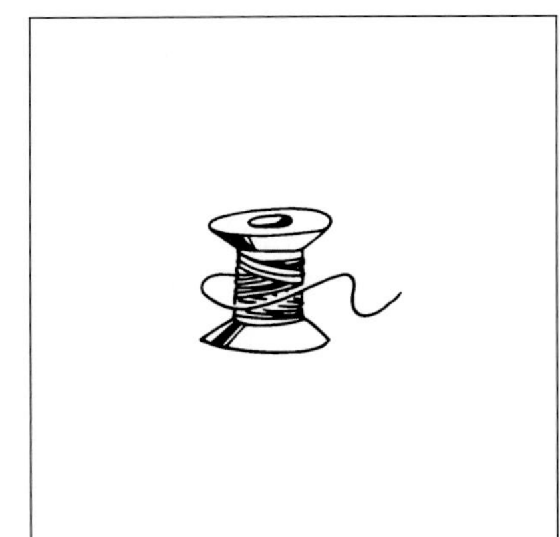

Blankokarten

Die Wörterstraße

Thema: Wortschatzerweiterung, Satzstrukturen

Material: Bildstreifen / Karten, Start- und Zielkarte, Spielfiguren, Würfel

Herstellung:

Kopieren Sie die folgenden Vorlagen auf stärkeres Papier. Wählen Sie der Übersicht halber für auf zwei aufeinanderfolgende Seiten eine andere Farbe. Laminieren Sie alles.

Spielregeln

Eine beliebige Anzahl von Karten/Streifen (je nach gewünschter Spiellänge) wird zu einer „Straße" zusammengefügt. Die Wörterstraße beginnt beim Start und endet beim Ziel. Die Figuren werden auf die Startkreise gestellt. Der Lehrer teilt – abhängig vom Förderbedarf – jedem Kind eine Aufgabe für das Spiel zu, z. B.:

- Nenne immer den Begriff (mit oder ohne Artikel).
- Beschreibe, was man mit dem Begriff tun kann (Verben).
- Bilde einen kurzen Satz in der Vergangenheitsform (Präteritum oder Perfekt).

Es wird reihum gewürfelt. Wenn die Figur auf einem Feld landet, erfüllt das Kind seinen Auftrag.

Varianten

Wenn unterschiedliche Farben für die Seiten benutzt werden, kann jeder Farbe ein Thema zugeordnet werden, z. B.:

- Thema Nomen: Nenne bei einer gelben Karte den bestimmten Artikel, bei einer grünen Karte den unbestimmten Artikel und bei einer blauen Karte die Mehrzahl.
- Thema Zeitformen: Formuliere bei einer gelben Karte einen Satz im Präsens, bei einer grünen Karte einen Satz im Präteritum und bei einer blauen Karte einen Satz im Futur I.

Das Spiel kann natürlich auch als Einzelarbeit genutzt werden. Das Kind kann die Sätze oder Wörter dann aufschreiben.

Erweiterung mit Blankokarten

Mit den Blankokarten ist es möglich, entweder zu einem bestimmten Thema Begriffe zu sammeln oder die Ideen und Vorlieben der Kinder aufzugreifen. Dafür eignen sich Spielzeug-, Schul- und Bastelkataloge, Ferienprospekte oder Weihnachts- und Osterprospekte. Die Bilder werden ausgeschnitten, auf die Karten geklebt und dann laminiert.

ZIEL

KLEBER

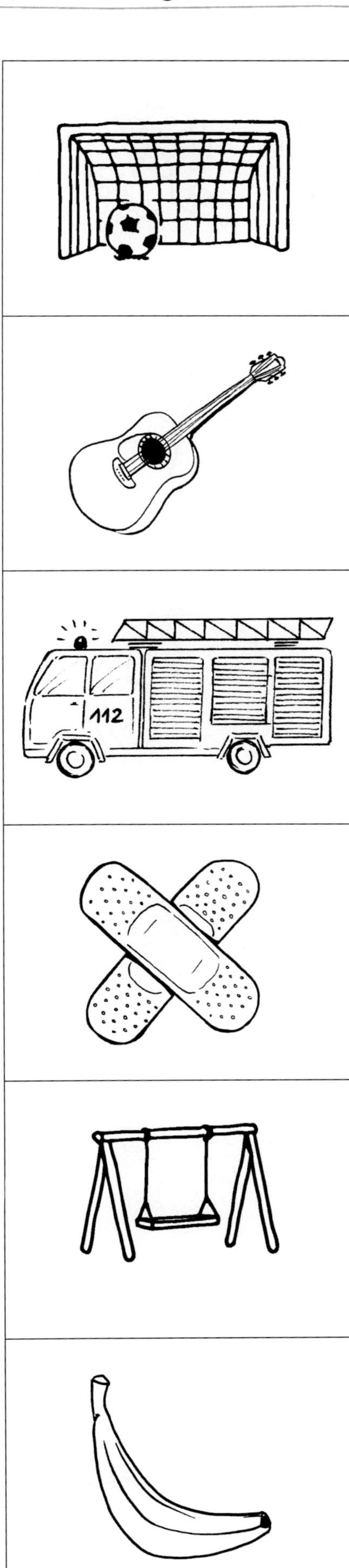
112

NOTARZT

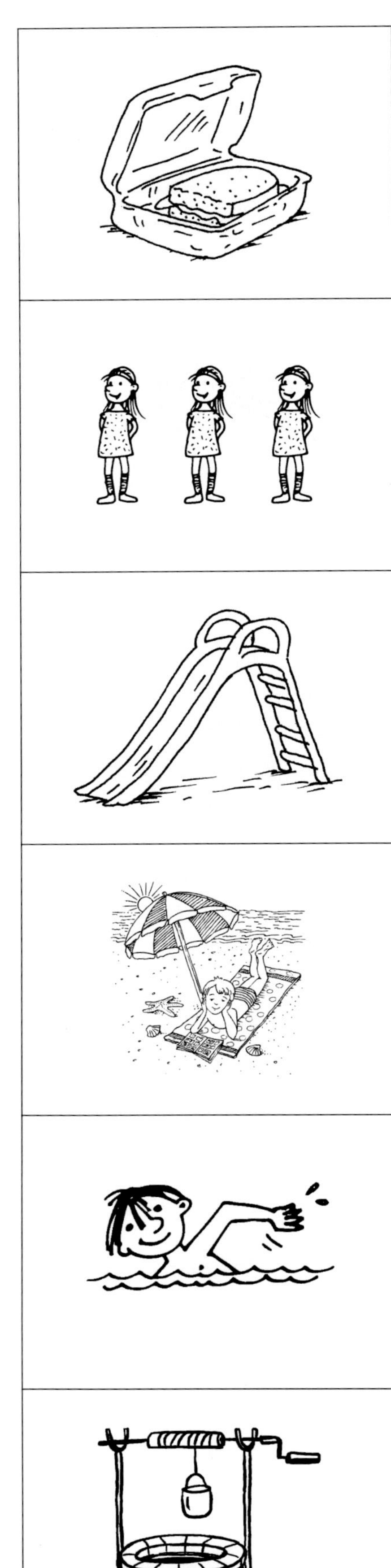

12
1
2
3
4
5
6
7
8
9
10
11

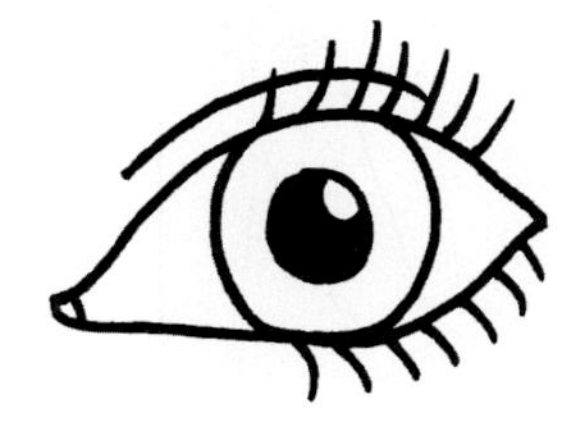

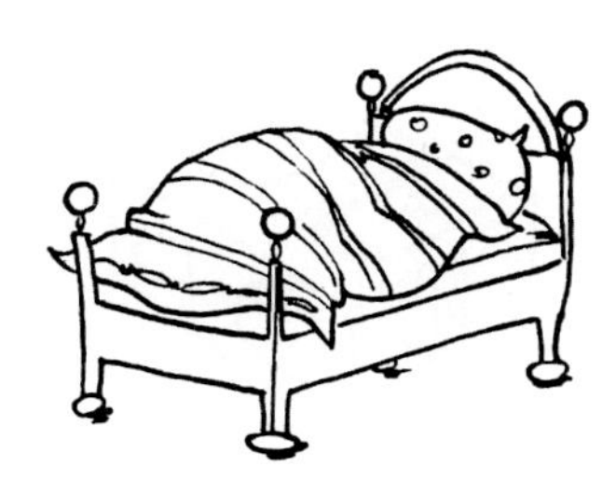

2+3
= 7

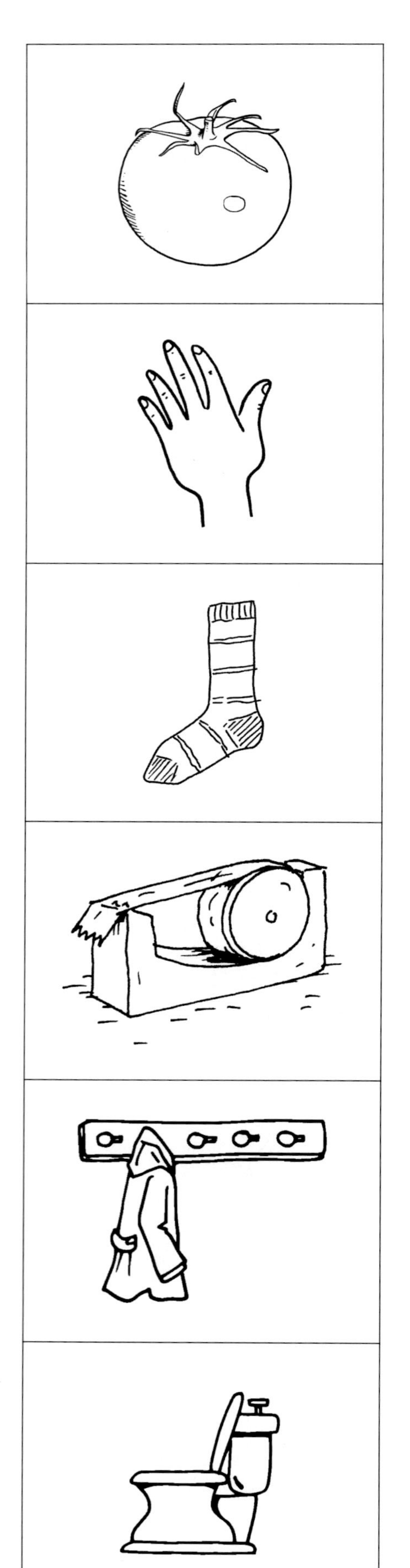

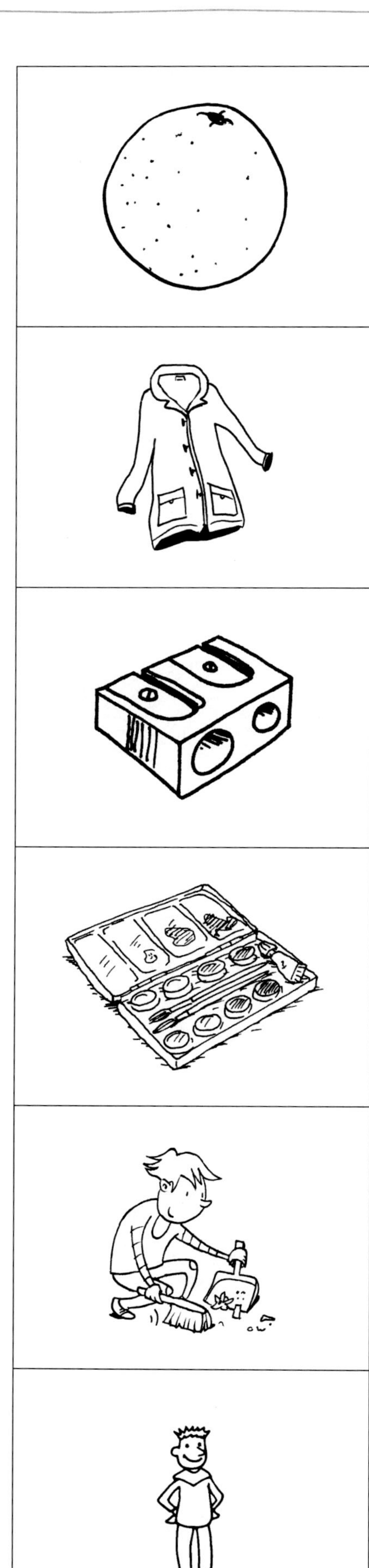

Vogeltreffen

Thema: Ortsangaben (lokale Präpositionen)

Material: Spielfiguren, Würfel mit Augenzahl bis drei

Herstellung:

Kopieren Sie die folgende Vorlage auf A4 oder A3 und laminieren Sie diese.

Spielregeln

„Der kleine Vogel trifft sich gerne mit seinen Freunden. Er kennt viele Orte und verabredet sich immer an einem neuen Treffpunkt. Beschreibe genau, WO der kleine Piepmatz gerade ist."

Die Spielidee basiert auf dem Leiterspiel, welches vielen Kindern bereits bekannt sein dürfte.

Die Spielfiguren werden auf das Startfeld gesetzt. Dann wird reihum gewürfelt. Setzt ein Kind seine Figur auf ein Feld mit einem Bild, so muss es korrekt sagen, wo (lokale Präposition) der Vogel sich befindet. Ist die Angabe richtig, darf es ein Feld vorrücken. Wenn die Angabe falsch ist, muss es auf dem Feld bleiben und seine Angabe wird berichtigt. Die richtige Antwort muss es noch einmal nennen, bevor es das nächste Mal würfelt.

Kommt ein Kind mit seiner Figur auf eines der drei Spezialfelder (mit den zwei Pfeilen) und macht eine richtige Ortsangabe, darf es nach oben rücken. Auf dem nächsten Feld muss dann auch wieder die richtige lokale Präposition genannt werden. Klappt das, darf das Kind die Abkürzung nehmen. Ist die Antwort falsch, muss es wieder nach unten rutschen, bis zur nächsten Runde warten und dann den längeren Weg einschlagen. Die Einzelfelder, die mit einem nach unten zeigenden Pfeil markiert sind, bedeuten, dass bei Angabe der falschen Präposition, die Figur nach unten rutscht.

Schwere Variante

Für fortgeschrittene Kinder kann ein Satzanfang vorgegeben werden, z. B.:

- Der Vogel wartet ...
- Die Vögel treffen sich ...

So kann das Spiel auch gespielt werden, wenn sich die Kinder mit der deutschen Sprache auf unterschiedlichen Niveaustufen befinden.

Vogeltreffen – Spielvorlage

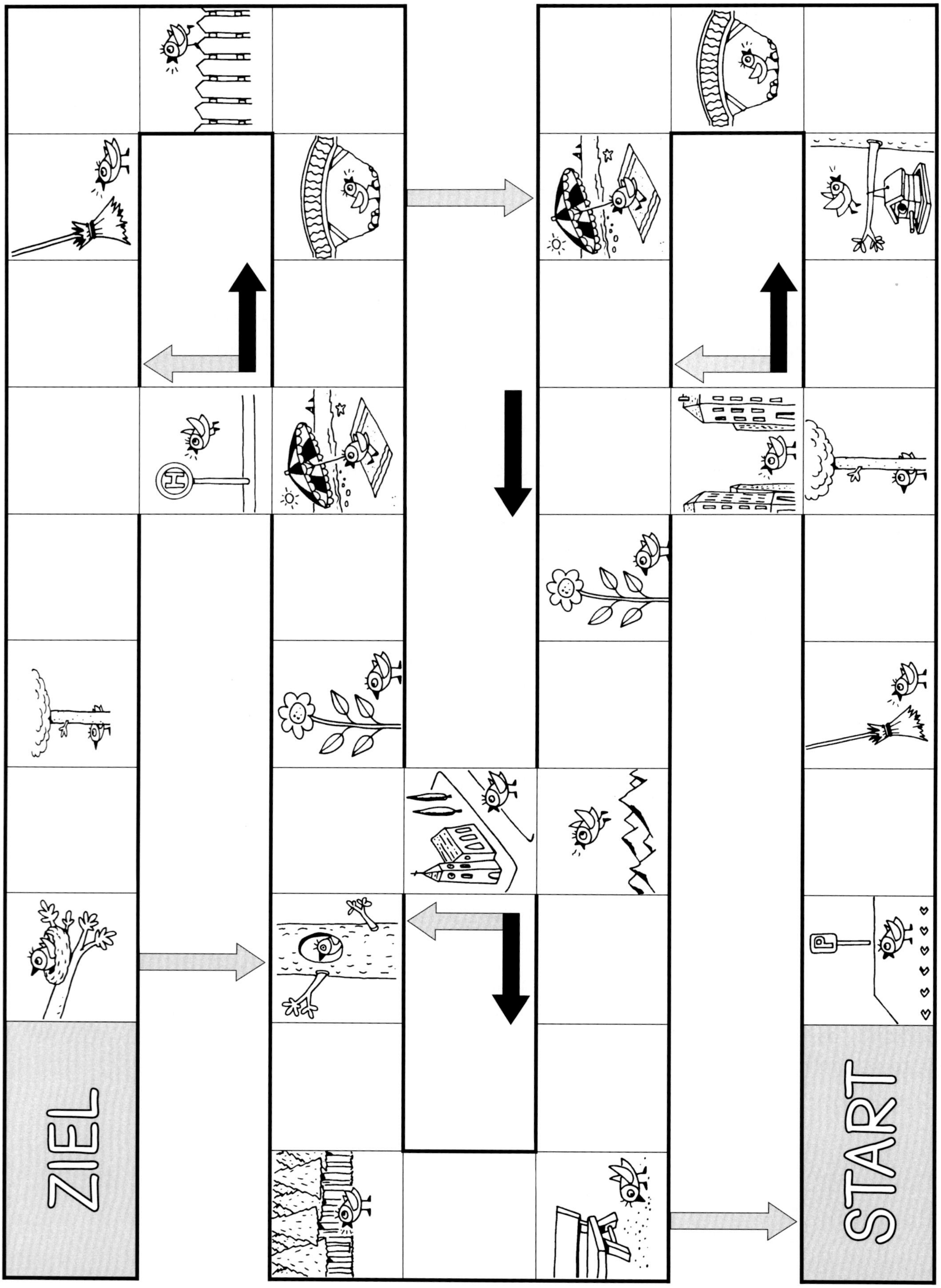

ZIEL

START

Vogeltreffen – Übersicht der lokalen Präpositionen

Die lokalen Präpositionen in der Spielreihenfolge:

1. auf dem Parkplatz
2. neben dem Besen
3. hinter dem Baum
4. zwischen den Häusern
5. über dem Vogelhaus
6. unter der Brücke
7. unter dem Schirm (oder im Schatten)
8. neben der Blume
9. über den Bergen
10. gegenüber der Kirche
11. neben der Bank
12. am Waldrand
13. in der Baumhöhle
14. auf dem Ast/Baum
15. vor der Tür
16. an der Haltestelle
17. im Wasser
18. auf dem Zaun
19. mitten in den Blumen / im Blumenfeld
20. beim Brunnen / am Brunnen
21. im Nest / in seinem Nest

Reih mich ein

Thema: Erweiterung des Wortschatzes, Strukturentwicklung

Material: Streifen mit Oberbegriffen, dazugehörige Kärtchen

Herstellung:

Kopieren Sie die folgenden Vorlagen auf stärkeres Papier. Wählen Sie der Übersicht halber für jede Seite eine andere Farbe. Laminieren Sie alles.

Schneiden Sie die Oberbegriffe nicht auseinander und schneiden Sie alle dazugehörigen Kärtchen (mit Bildern oder Wörtern) zu.

Spielregeln

Jedes Kind bekommt, seinem Förderbedarf gemäß, ein passendes Set aus einem Streifen mit Obergegriffen und den dazugehörigen Kärtchen. Die Karten werden gemischt und das Kind muss sie dem passenden Oberbegriff zuordnen.

Schwierige Variante

Wer das Spiel schon recht gut beherrscht, kann mit einer Stoppuhr spielen und versuchen, sein Tempo beim Sortieren der Karten zu steigern.

Tipp

Wer – gerade bei jüngeren Kindern – verhindern möchte, dass die Kärtchen dauernd verrutschen oder gar zu Boden fallen, beklebt sie – wie auch den Streifen mit den Oberbegriffen – auf der Rückseite mit einem Klettpunkt oder Klettstreifen. Das Spiel kann dann auf einem Stück Teppich gespielt werden (Bodenteppichplatten aus dem Baumarkt).

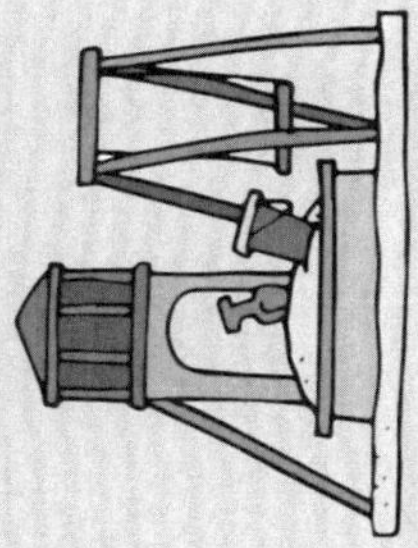

Spielplatz

Schule

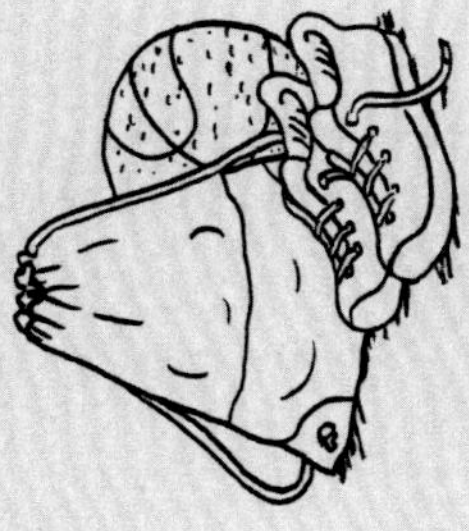

Sport

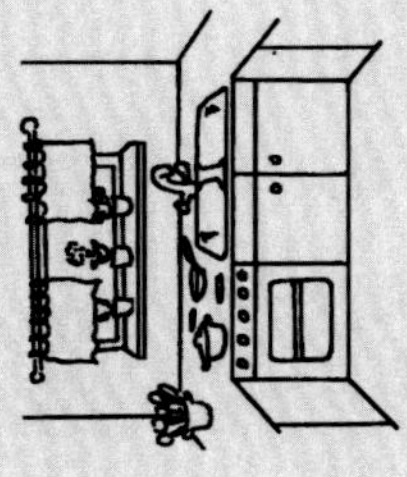

Küche

Reih mich ein – Verben in Bildern

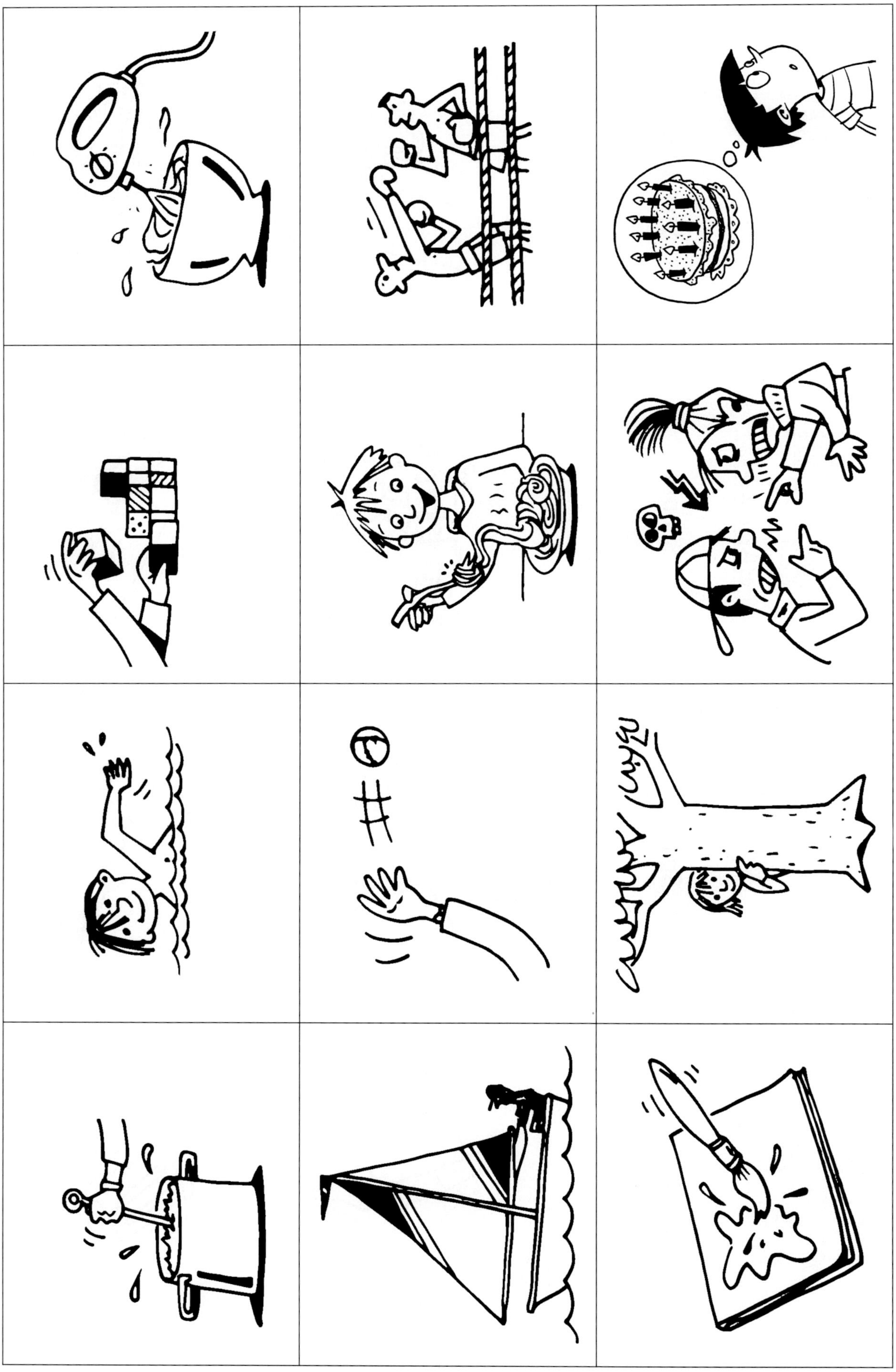

Reih mich ein – Adjektive in Bildern

Reih mich ein – Nomen in Bildern

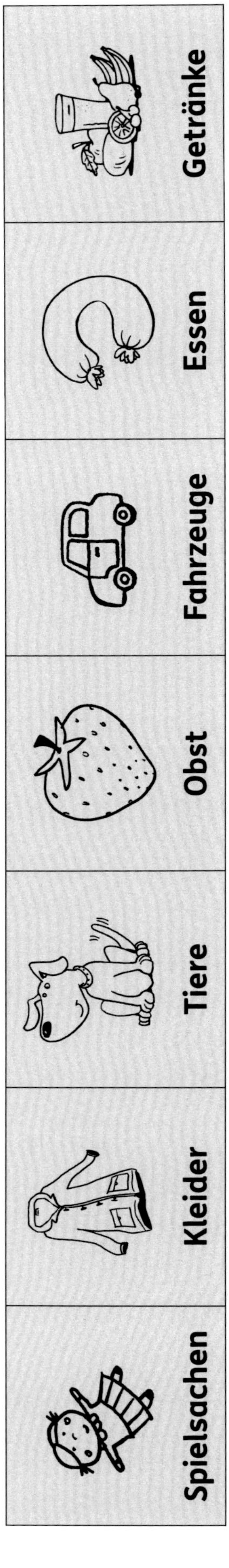

Getränke
Essen
Fahrzeuge
Obst
Tiere
Kleider
Spielsachen

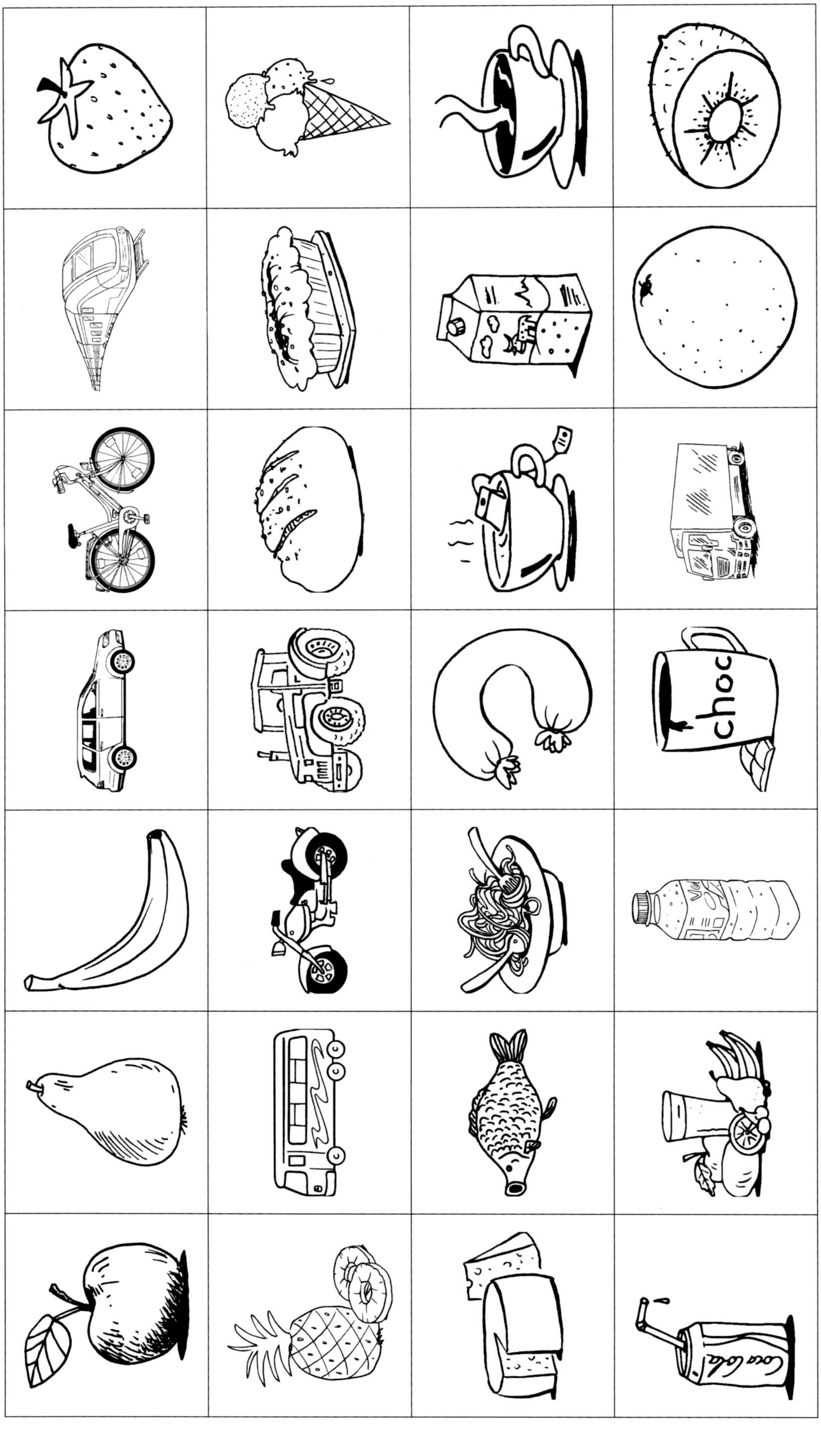

Reih mich ein – Nomen in Bildern

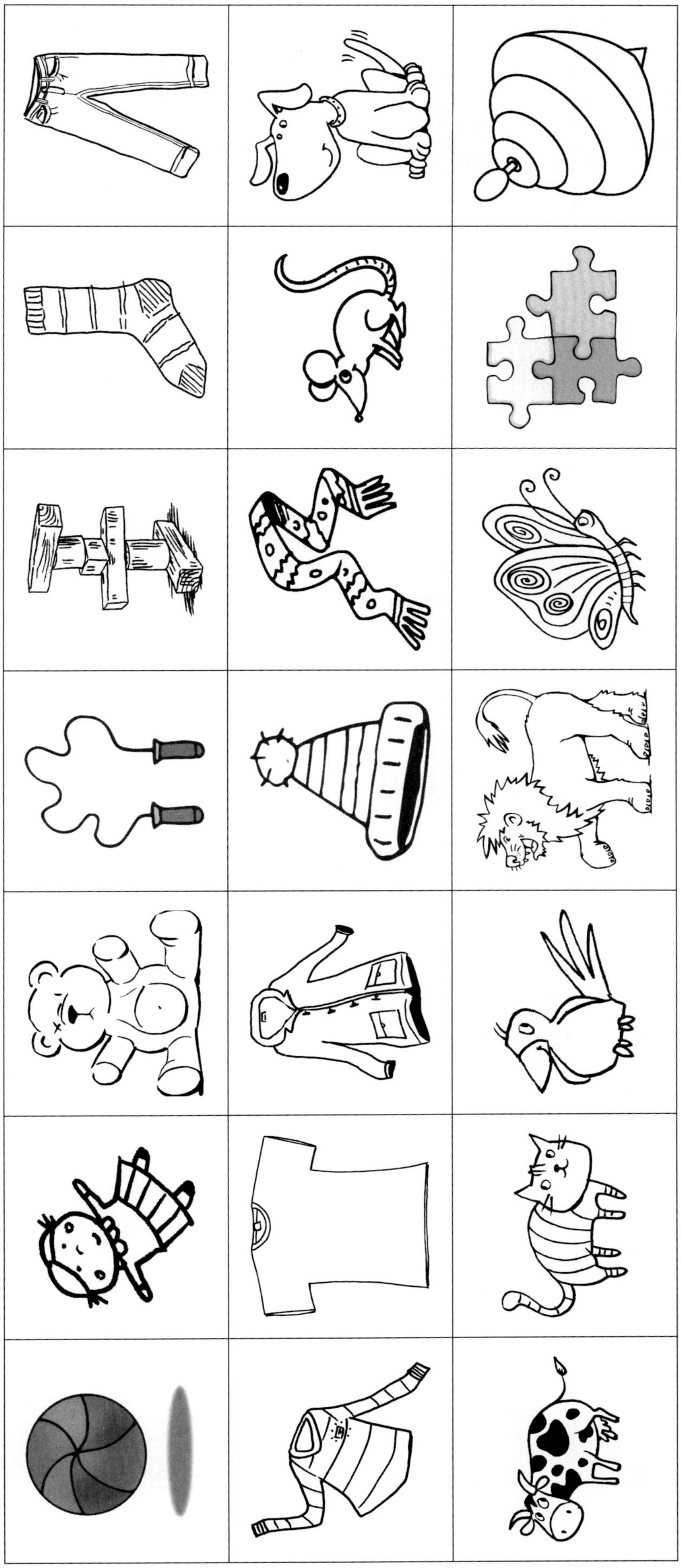

schneiden	salzen	umrühren	mixen
backen	essen	kochen	kicken
rennen	schwimmen	segeln	turnen
boxen	springen	lesen	schreiben
erzählen	zuhören	malen	denken
werken	schaukeln	fangen	bauen
wippen	verstecken	spielen	werfen

grün	warm	hart	weich

Gras	Frosch	Gurke	Tanne
Baumblatt	Ofen	Mütze	Handschuhe
Fön	Sonne	Stein	Glas
Nuss	Hammer	Löffel	Kissen
Katze	Watte	Teddybär	Fell

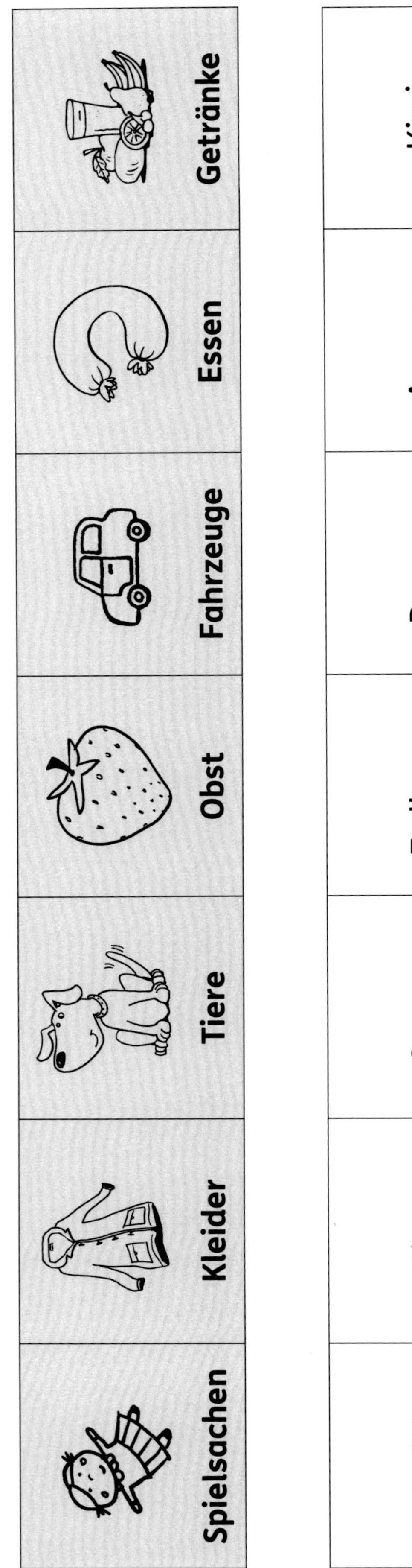

Apfel	Birne	Orange	Erdbeere	Banane	Ananas	Kiwi
Auto	Lastwagen	Fahrrad	Zug	Bus	Traktor	Motorrad
Brot	Kuchen	Eis	Wurst	Käse	Fisch	Spaghetti

Reih mich ein – Nomen in Worten

Kakao	Springseil	Schal
Wasser	Puzzle	Mütze
Saft	Bausteine	Jacke
Cola	Kreisel	T-Shirt
Kaffee	Teddy	Pullover
Tee	Puppe	Hose
Milch	Ball	Socken

Wie geht's, wie steht's?

Thema: Gefühlszustände bewusst ausdrücken und deren Ursache verbalisieren

Material: Karten mit Gefühlsausdrücken, Karton oder Topfuntersetzer aus Kork, zwei kleine Perlen, Nagel

Herstellung:

Kopieren Sie die folgenden Karten auf stärkeres Papier und laminieren Sie diese.

Stellen Sie einen „Drehteller" her: Dafür eignet sich dickeres Tonpapier oder ein Topfuntersetzer aus Kork. Bohren Sie in die Mitte des Kreises einen Nagel. Basteln Sie zusätzlich einen Zeiger aus Karton oder einem Plastikstreifen. Dann setzen Sie zuerst eine kleine Perle, danach den vorgelochten Zeiger und zum Schutz noch eine zweite Perle auf den Nagel. Achten Sie darauf, dass der Zeiger locker zu drehen ist.

Spielregeln

Der Drehteller wird auf einem Tisch oder am Boden platziert. Rundherum werden die Gefühlskarten (mit den Bildern nach oben) hingelegt. Die Karten mit den Familienmitgliedern werden verdeckt auf einen Stapel gepackt.

Es wird reihum gespielt. Zuerst wird eine Karte vom Familienstapel aufgedeckt und dann wird der Zeiger angeschubst. Wenn der Zeiger stehen bleibt, muss ein Satz mit der Gefühlskarte gebildet werden, auf die er zeigt. Zum Beispiel: Papa ist wütend, weil sein Auto nicht mehr fährt.

Leichte Variante

Es werden nur die Gefühlskarten benannt, auf die der Zeiger sich richtet, ohne die Familienkarten zu benutzen.

Tipp

Die gebildeten Sätze werden in Einzel- oder Partnerarbeit aufgeschrieben.

Wie geht's, wie steht's? – Familienkarten

 Papa	 Opa
 Mama	 Lisa
 Nino	 Tom
 Bruno	 Mau
 Niki	 Oma

Wie geht's, wie steht's? – Karten zu Gefühlen und Befindlichkeiten

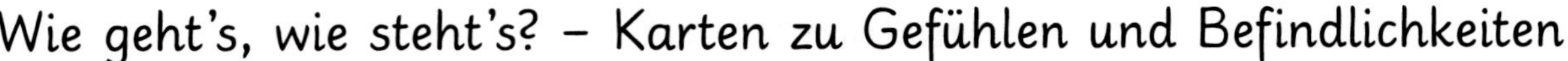

 glücklich sein	 fröhlich sein	 zufrieden sein	 schwitzen
 erstaunt sein	 Angst haben	 verliebt sein	 unsicher/ängstlich sein
 sehr traurig sein	 wütend sein	 genervt sein	 krank sein
 traurig sein	 enttäuscht sein	 müde sein	 frieren